Querido Miguel,

Gracias por los conocimientos
que me has transmitido a lo
largo de los años y del camino.

Que siga siendo así, y que
este libro te inspire y siembre
semillas de paz en tu vida.

Con cariño,

Pilar Apple

16/9/2019

Pilar Aguilera

EL DESPESTAR DE TU PRESENCIA

Incluye 28 meditaciones en audio inspiradas
en las enseñanzas de Thich Nhat Hanh

editorial Kairós

© 2019 Pilar Aguilera
© de la edición en castellano:
2019 by Editorial Kairós, S.A.
Numancia 117-121, 08029 Barcelona, España
www.editorialkairos.com

Fotocomposición: Florence Carreté
Impresión y encuadernación: Romanyà-Valls. Verdaguer, 1. 08786 Capellades

Primera edición: Septiembre 2019
ISBN: 978-84-9988-702-9
Depósito legal: B 12.781-2019

Este libro ha sido impreso con papel certificado FSC, proviene de fuentes
respetuosas con la sociedad y el medio ambiente y cuenta con los
requisitos necesarios para ser considerado un «libro amigo de los bosques».

A mis padres, Pilar y Tomás

El cosmos está lleno de piedras preciosas.
Deseo ofrecerte un puñado esta mañana.
Cada instante que vives es una piedra preciosa,
que resplandece y contiene Tierra y Cielo,
las aguas y las nubes.

Has de respirar suavemente
para que se revelen los milagros.
De repente oyes a los pájaros cantar,
a los pinos tararear,
ves abrirse a las flores,
el cielo azul,
las nubes blancas,
la sonrisa y el maravilloso aspecto
de tu Bienamado.

Tú, la persona más rica de la Tierra,
que has mendigado la vida en todas partes,
dejas de ser el hijo pródigo.
Vuelve y reclama tu herencia.
Debemos disfrutar de nuestra felicidad
y ofrecerla a todo el mundo.
Aprecia este mismo instante.
Deja partir la corriente de desesperación
y acoge la vida plenamente en tus brazos.

«Nuestra verdadera herencia», Thich Nhat Hanh[*]

[*]   Poema de Thich Nhat Hanh (*Llamadme por mis verdaderos nombres*, Ediciones La Llave, Barcelona, 2001).

Índice

El florecer del jardín

Tu hogar es el camino

Meditaciones para un camino pleno   **285**

Introducción

Cuando entré por primera vez en contacto con las enseñanzas del maestro zen Thich Nhat Hanh, una grieta que se había mantenido abierta en mi interior durante muchos años se cerró de golpe; una fractura en lo más hondo de mí sanó. Esa experiencia tan física supuso para mí una intuición muy clara y directa de que había encontrado un camino de vida verdadero, un maestro espiritual. Mi educación humanista, vinculada a la literatura y a la poesía, había despertado en mí la pasión por el activismo social y por un mundo más justo, bello y comprometido. Sin embargo, esta aspiración estaba en contraposición con la ardiente llamada espiritual que desde niña había sentido y que me mantenía en una ansiada y efervescente búsqueda que no encontró sosiego hasta dar con *Thay*.* Cuando *Thay* se me reveló, ese desajuste se armonizó. Pude escuchar dentro de mí un «he llegado, estoy en casa» sin darme todavía demasia-

---

* *Thay* significa «maestro», y es el apodo cariñoso con que familiarmente se nombra a Thich Nhat Hanh.

da cuenta, en esos tiernos comienzos, de lo que significaba. A día de hoy, soy consciente de que había algo en mí que podía ver más allá de lo que en aquel momento alcanzaba a comprender. Así, inicié un camino que, con el transcurso de los años, aún alumbra en mi interior.

El despertar de tu presencia es una humilde semilla que surge del profundo agradecimiento por las enseñanzas que el maestro zen Thich Nhat Hanh y el centro de práctica Plum Village me han transmitido a lo largo de los años. La visión de *Thay*, tan simple y a la vez tan profunda, de llevar las enseñanzas budistas a la vida cotidiana de todas las personas hace de él un maestro con una gran compasión y coraje. Su mensaje de budismo comprometido está basado en la transmisión de una espiritualidad que atraviesa la sala de meditación para hundirse en la realidad más áspera del día a día. Así, rutinas habituales como caminar, fregar los platos, trabajar o conversar se convierten en el escenario a través del cual despertar a tu verdadera presencia, que siempre se halla en el momento presente.

También tú puedes despertar a tu verdadera presencia cuando habitas tu propio hogar en tu interior y te abres a las maravillas que te ofrece la vida a cada instante. La felicidad y el gozo están más cerca de lo que hayas imaginado nunca. Somos conscientes de que el sufrimiento siempre estará ahí, acechando nuestros pasos. Pero si caminamos noblemente, con el corazón despierto, en algún momento del trayecto, este se acercará a nosotros y nos estrechará la mano. La meditación es un camino que nos atraviesa para lanzarnos a la vida. Este libro también es ese camino que se extiende a medida que te abres y permites que la sucesión del discurso vaya tejiendo el hogar de tu interioridad. Cada espacio meditativo toca una semilla en tu conciencia permitiendo que las palabras que envuelven la meditación guiada te inviten a la introspección.

Este libro es un reflejo de mi propia experiencia vital practicando las enseñanzas del maestro zen Thich Nhat Hanh como facilitadora de la *Sangha* de Barcelona y como directora del programa para educadores Escuelas Despiertas. De ninguna manera pretendo aquí representar la tradición de Plum Village, a pesar de mi compromiso verdadero, sino dar expresión a un anhelo muy profundo de abocar en el papel mi más sincera vocación interior de autoconocimiento y como forma de experimentar, compartir y dar a luz una semilla que de otra forma quedaría relegada al ámbito de la no manifestación.

El propósito de *El despertar de tu presencia* es hacer florecer la belleza que irradia en tu interior y a tu alrededor; es un viaje hacia la observación profunda de nuestra naturaleza del interser.* Cuando te dejas seducir por el esplendor de un

---

*   Según Thich Nhat Hanh, «cuando nos detenemos y observamos profundamente nuestras formaciones mentales, las nociones de yo y otro, nacimiento y muerte, ignorancia y despertar, vemos su propia naturaleza de interdependencia. Eso es interser» (Thich Nhat Hanh, *Comprender nuestra mente*, Editorial Kairós, Barcelona, 2017).

Del mismo modo, Thich Nhat Hanh nos dice que «al principio parece que las cosas existieran externamente unas de otras. El Sol no es la Luna. Esta galaxia no es aquella galaxia. Tú estás fuera de mí. Los padres están fuera de los hijos. Pero, al mirar atentamente, vemos que todo está entretejido. No podemos extraer la lluvia de las flores, ni el oxígeno del árbol. No podemos extraer al padre del hijo o al hijo del padre. No podemos extraer

amanecer, la luz en tu interior brilla como una perla preciosa; cuando tu corazón se enciende como un sol, el cosmos se ilumina con tu estado de presencia. La vida es un espectáculo de colores cuando tu mirada profunda penetra en la realidad de las cosas.

El libro contiene veintiocho capítulos estructurados en tres apartados meditativos que pueden practicarse a través de una lectura uniforme de indagación profunda o con las meditaciones guiadas que se ofrecen en los audios. Previamente a la práctica de cada meditación guiada, se aconseja profundizar en la lectura del capítulo que le corresponde como guía, de apoyo en el proceso de indagación. Todas las meditaciones guiadas han sido facilitadas en grupos de práctica previamente para comprobar su adaptación e integración. La lectura del libro puede comenzarse por cualquier capítulo, y cada meditación guiada puede practicarse individualmente, al margen de las restantes. Aun así, recomiendo que tanto la lectura del libro como la práctica de las meditaciones guiadas sigan el orden establecido en el libro para la adecuada profundización y comprensión global de la visión que aquí se ofrece. Si las meditaciones guiadas fueran a introducirse en grupos de práctica o en cursos de formación, pueden acompañarse parcialmente o en su totalidad, si se desea, de los textos descriptivos.

No he seguido una estructura previa en el proceso de es-

---

nada de ninguna otra cosa. Somos las montañas y los ríos; somos el Sol y las estrellas. Todo inter-es» (Thich Nhat Hanh, *El arte de vivir*, Ediciones Urano, Madrid, 2018).

critura de los capítulos, sino que cada capítulo y meditación ha ido emergiendo de acuerdo con una inclinación espontánea basada en lo que mi mente me traía en el momento. Sin embargo, la estructura de los capítulos se ha ordenado, *grosso modo*, al final del proceso de escritura en base a unas temáticas específicas. La naturaleza simbólica de todas las meditaciones guiadas toca aspectos de nuestra realidad que trascienden la temática específica. Por ejemplo, el capítulo 5, «Tus padres, el amor del cosmos» conecta nuestros pasos meditativos con el amor y la bondad de nuestra madre y padre hasta alcanzar una comprensión más profunda que nos aboca a un amor más inclusivo que engloba el cosmos.

El primer apartado meditativo del libro, «El cosmos en una semilla», se abre con la imagen de uno mismo como una semilla en interconexión con su esencia profunda basada en los cuatro elementos. Estar en contacto con la naturaleza del cosmos nos permite contemplar las condiciones maravillosas que forman parte de nuestra realidad de interser y que nutren el cuerpo, la mente y la conciencia. Cuando te dejas guiar por el despertar de tu presencia, cada instante es una celebración del universo palpitando en tu interior. Las meditaciones guiadas de este primer apartado se centran en el cuerpo y en su conexión con la naturaleza profunda de la respiración consciente, la investigación de las sensaciones corporales y del contacto con una dieta saludable y compasiva.

El segundo apartado meditativo, «El florecer del jardín», es una indagación profunda de la naturaleza de nuestras sensaciones, percepciones y formaciones mentales como medio a través del cual hacer florecer las semillas nutritivas en la mente y en el entorno. Cuando nos entregamos a nuestra vocación profunda de cuidar del jardín de nuestra mente, practicamos el riego selectivo, transformamos la maleza del jardín y despertamos la compasión y el amor en nuestro interior y en el mundo.

El tercer apartado meditativo, «Tu hogar es el camino», nos invita a tomar refugio en el sendero noble que nos transmite calidez y sosiego, y que nos inspira una vía de sanación y transformación como camino de vida pleno. El capítulo 28 cierra este libro con un extracto y profundización de los cinco entrenamientos de la plena consciencia del maestro zen Thich Nhat Hanh y del centro de práctica Plum Village, como guía que nos conduce a una visión ética y global de nuestra práctica.

Tanto la lectura como las prácticas del libro están dirigidas a todas las personas que desean ahondar en un camino de vida pleno para despertar su presencia y vivir con más felicidad y alegría. Cualquier persona puede practicar y beneficiarse de la paz y la belleza de la práctica de la meditación independientemente de su creencia religiosa y condición de vida.

Las meditaciones guiadas que aquí se muestran siguen la forma tradicional de Plum Village, en cuanto a que el practicante se enfoca en una serie de imágenes que, adecuadamente estructuradas, le conducen a un estado mental concreto de acuerdo con el propósito de cada meditación. Las imágenes nos ayudan a modificar los circuitos neuronales y a facilitar procesos muy sanadores de transformación en nuestro cuerpo, mente y conciencia.

Cada meditación se divide en una serie de estrofas estructuradas de acuerdo con un orden claramente establecido. Al inspirar, enfocas tu atención en la frase que acompaña a la inspiración, y en el proceso de espirar, sientes las palabras referentes a la espiración. Después, hay dos frases clave que resumen las frases anteriores para que el meditador se enfoque en las dos ideas principales de la estrofa. Se ofrecerá un minuto de silencio entre estrofa y estrofa con objeto de posar suavemente la atención en las dos imágenes que convergen con cada inspiración y espiración. El practicante permite que las imágenes bañen y penetren profundamente en su conciencia* como si de una caricia se tratara.

Para concluir esta introducción, deseo de todo corazón que el viaje espiritual que las páginas de este libro evocan inspiren en las personas el deseo de despertar su presencia y de vivir en armonía con sus seres más próximos y con el planeta. Mi más sincero agradecimiento a mi respetado y querido maestro *Thay*.

Pilar Aguilera
Verdadera visión profunda silenciosa
Port Ginesta, Castelldefels

---

* En esta obra se escribe «conciencia» cuando hacemos referencia a la cualidad moral y global (*consciousness*) y «consciencia», en el sentido general de conocimiento o percepción (*awareness*).

EL COSMOS EN UNA SEMILLA

1

Los cuatro elementos en una semilla

Los cuatro elementos (tierra, aire, agua y fuego) forman parte de ti. Tú eres una semilla, y los cuatro elementos impregnan, de manera interdependiente, el corazón de la semilla que eres para que germine, crezca y desprenda sus flores y frutos. Agradecer a la tierra, al aire, al agua y al fuego la labor generosa que desempeñan para que puedas florecer, es algo que te colma de alegría y gratitud. Estar en contacto con los dones de estos cuatro elementos nos invita a apreciar las condiciones favorables que cada día están ahí, incondicionalmente, apoyando el milagro de estar vivos. Gracias a estos cuatro elementos nos abastecemos de las condiciones para nuestra manifestación y plenitud.

Nuestra mente ocupada y ociosa se interpone en la observación profunda de estos fenómenos, nuestra verdadera realidad de interser, y damos por sentado estos hechos maravillosos. Pero cuando nos hacemos consciente de que tenemos a nuestro alcance condiciones suficientes para ser felices aquí y

ahora, nuestro corazón y mente se llenan de gratitud y armonía. Nuestra vida cobra un significado más real y auténtico.
Por esto, hacernos conscientes y agradecer al elemento aire
que nos regale la respiración o al elemento tierra que nos nu-
tra y enraice nuestros pasos, son ejemplos sencillos que trans-
forman nuestra mirada sobre el mundo, así como el modo de
contemplar nuestra verdadera realidad.

> Al inspirar, me veo como una semilla.
> Al espirar, una joya brota en mí.
> Yo como una semilla,
> una joya brotando en mí.

Cuando somos conscientes del término *semilla*,* este evoca en
nosotros la imagen de la simiente de una planta, un fruto o un árbol. Pero nosotros no somos tan diferentes de la semilla de un albaricoque. Sabemos que la semilla del albaricoque requiere de la
tierra, del aire, del agua y del sol para reproducirse adecuadamente. Estos cuatro elementos interson en el corazón de la semilla del
albaricoque para que pueda crecer, florecer y ser feliz. También
tú eres una semilla que necesita de la tierra, del aire, del agua y
del sol para desarrollarte en la dirección adecuada y expresar tus
verdaderas y preciosas cualidades al mundo. Como puedes ob-

---

* *Semilla* significa «algo que tiene la capacidad de manifestarse» (Thich Nhat
Hanh, *Comprender nuestra mente*, *op. cit.*).

servar, compartimos muchas cosas. Si apreciamos a nuestra bella naturaleza, creceremos con más frescura, libertad y felicidad.

En ti mismo, en el fondo de tu conciencia,[*] hay joyas preciosas, que día a día, segundo a segundo, se están manifestando. Tal vez no seas consciente de la multitud de joyas que hay en ti. Pero, en su debido momento, cuando las condiciones sean las adecuadas, germinarán y ofrecerán sus aromas y brillos en inteligentes y bellas cualidades que te harán más feliz y de las que el mundo se beneficiará.

> Al inspirar, me dejo abrazar por la tierra.
> Al espirar, confío plenamente.
> En brazos de la tierra,
> confiando.

La tierra te acoge todo el tiempo en sus brazos. Es una madre muy tierna y protectora que cuida de todos por igual. La madre Tierra cuida de los niños, de los adultos, de las plantas, de los animales, de los minerales. Ella, silenciosamente, está ahí ofreciendo su generosidad sin pedir nada a cambio. Las semillas de los árboles se nutren a través de la tierra y sus raíces

---

[*] El fondo de la conciencia o fondo de la mente hace referencia al «depósito de conciencia» de las enseñanzas de Thich Nhat Hanh. La función del depósito de conciencia es almacenar y preservar todas las semillas. Véase Thich Nhat Hanh, *Comprender nuestra mente*, *op. cit.*

se enredan muy profundamente, absorbiendo la inteligencia y sabiduría de la tierra. Tú también caminas cada día sobre ella. Tus pies, como raíces profundas, se vuelven sólidos ante el beso amoroso de la madre Tierra. Ella te ofrece el alimento para nutrir tu cuerpo y mente. Miles de agricultores y jardineros cultivan la tierra para que tú puedas nutrirte y desarrollarte. ¿Cómo no confiar en ella? Sabes que está ahí para ti, como una madre sólida, infinitamente generosa e ilimitada en la que puedes apoyarte y confiar. A cada paso ofreces tu rendición y presencia amorosa a la tierra, que te acoge en sus brazos, calma tu hambre y te ofrece su morada fértil. Puedes preguntar cualquier cosa a la madre Tierra y ella te escuchará, te responderá y, en su silencio, comprenderás su voz y su ilimitada sabiduría.

Al inspirar, el aire me esparce en todas las direcciones.
Al espirar, mi compasión irradia lejos.
Esparcida en todas las direcciones,
mi compasión irradiando.

El aire te otorga el honor de expandirte allá donde las condiciones favorables se manifiesten para que la semilla que hay en ti brote apropiadamente y ofrezca sus frutos en beneficio de todos los seres. Las semillas poseen esta especial cualidad de esparcirse con el fluir del aire y posarse en la tierra fértil que las acogerá para hacerlas germinar y propagarse. También tus semillas vuelan lejos, se interrelacionan con otras y comparten las maravillosas joyas del conocimiento y la belleza con otros seres del mundo, incondicionalmente sin discriminación. Es así como nos interrelacionamos para manifestar nuestra presencia y cualidades verdaderas. Somos seres en busca de expansión y libertad.

La semilla que hay en ti se alza libre en todas las direcciones para expandir su aroma e irradiar tu compasión lejos. Allá donde vas y en donde te encuentres, tu corazón se muestra compasivo y abierto, capaz de escuchar, de manifestar tu verdadera comprensión y presencia a todos aquellos con los que interactúas y que están en necesidad. El hecho de contactar con el mundo te permite irradiar tu compasión y ternura incondicionalmente hacia todos los seres y en todas las direcciones. No existe discriminación alguna, sino una enorme inclusividad, al abrazarlo todo y a todos. Expandes tu corazón para englobar gradualmente a los seres de toda condición.

Al inspirar, me dejo regar por el agua de la lluvia.
Al espirar, me siento fresca.
Regada por el agua de la lluvia,
fresca.

El elemento agua es primordial para nuestra existencia. Sin la lluvia, las semillas no podrían brotar y florecer, la tierra perdería su fertilidad, el mundo marino no existiría y nosotros pereceríamos. El aire, también, esparce las nubes en todas las direcciones para que se transformen en lluvia y sus gotas rieguen la tierra de manera incondicional, abasteciendo a todos los seres por igual. La bondad de la lluvia es inmensa e ilimitada. No podemos más que estar agradecidos por la bondad de la naturaleza que riega con su amor la vida. Nos hacemos conscientes de que no en todas las zonas del planeta llueve por igual, y, así, aprendemos a usar el agua de manera responsable, para no malgastarla mientras otros pasan escasez. Como el elemento agua es imprescindible para nuestra existencia, aprendemos a regar las semillas bellas de las personas que nos rodean. Al mirar profundamente la acción bondadosa que ejerce la lluvia sobre la tierra, aprendes a actuar como ella, regando las semillas y cualidades positivas que hay en ti, en tus seres queridos y amigos. La naturaleza es un preciado escaparate en el que reflejarte y aprender.

El agua refresca tu presencia y te sientes renovado, lleno de vida. Todos los fenómenos son impermanentes, pero mientras recibimos la bendición del agua de la lluvia nuestra frescura y transformación es posible. Por tanto, sonríes y agradeces las gotas de agua de tu ducha matutina, así como el agua que riega todas las células de tu cuerpo cuando tienes sed. El agua es un bien preciado.

Al inspirar, el fuego me transmite calidez.
Al espirar, me siento amable.
Cálida por la transmisión del fuego,
amable.

El sol es nuestro segundo corazón, nos dice el maestro Thich Nhat Hanh. Gracias a él sus rayos transmiten el calor favorable para que las semillas maduren y ofrezcan sus flores y frutos. Todos los seres necesitamos del elemento fuego para sonreír y expandir nuestras flores al mundo. Nos llenamos de regocijo al observar el efecto de los girasoles abiertos y alegres cuando reciben el riego solar de la mañana. Sin sol, las semillas no podrían germinar y la oscuridad haría perecer a todo el planeta. La generosidad del elemento fuego es inagotable e incondicional para todos. Cada día, el sol se alza y resplandece irradiando luz y energía en todas las direcciones sin pedir nada a cambio. También tú puedes agradecer los rayos de sol que iluminan tu camino y que hacen florecer tu plena consciencia y presencia genuina cada día de tu vida. El sol es nuestra inspiración de vida. Tú también puedes ser un rayo de luz para los demás. Cuando tus pensamientos, palabras y acciones inspiran amabilidad, iluminas el corazón de todas las personas y las condiciones maravillosas brotan a tu paso.

Al inspirar, los cuatro elementos
(tierra, aire, agua y fuego) brillan en mí.
Al espirar, una joya ha florecido.
Los cuatro elementos brillando,
una joya en flor.

Eres consciente de los cuatro elementos, que de forma interdependiente brillan a través de la semilla que eres tú. Los cuatro elementos son relevantes para hacer germinar las semillas
que, más tarde, a su debido momento, y, cuando las condiciones sean las favorables, se convertirán en flores y frutos
hermosos. Somos conscientes de la interrelación de los cuatro
elementos, y de su poder y entrega bondadosa para hacer que
nuestro planeta se manifieste como la joya que es. Cada semilla esconde una joya en su corazón. Cuando despiertas a tu
verdadera realidad de interser, trasciendes los cuatro elementos y contemplas tu verdadera naturaleza, que es el vacío, la
belleza más absoluta que solo puede ser comprendida y expresada a través de tu bella sonrisa.

La preciosa joya que habita latente en ti ha madurado y se
ha convertido en una hermosa flor. La joya siempre había estado ahí, radiante e inmaculada. Sencillamente, requería de las
condiciones favorables para que los cuatro elementos, de manera interdependiente, brillaran al unísono y la joya despun-
tara irradiando en toda su magnitud. Tu presencia es esa joya
que desprende su aroma al mundo cuando despiertas al milagro de tu verdadera naturaleza.

2

Tu respiración es el océano del cosmos

Cuando contemplas la imagen del océano y te fundes con la vibración de las olas, accedes a la comprensión de tu verdadera naturaleza del interser. Observar la magnitud del océano es abrazar la belleza más profunda que nos conecta con la realidad de la propia existencia a través de la meditación. Cuando el vaivén frenético de las olas de nuestras aflicciones se aquieta, nuestra mirada más aguda permite penetrar lo más profundo. La claridad, entonces, se refleja en la superficie del mar, en la que nos asomamos para reflejar la realidad tal cual es, en su estado más pleno. A lo largo de este viaje por el océano de nuestra mente, y al ritmo de nuestra respiración consciente, serenamos el fluir de los contenidos mentales hasta alcanzar una visión profunda de la verdadera realidad del océano, de nuestra verdadera realidad. Contemplamos que el océano forma parte de nuestra naturaleza del interser, y que el elemento agua fluye a través de nuestras venas y por todo nuestro cuerpo. El cosmos entero está contenido en el suave navegar de nuestra respiración.

Al inspirar, me veo a mí mismo sentado a la orilla del océano.
Al espirar, mi postura es estable.
Sentado a la orilla del océano;
mi postura, estable.

En tu meditación sentada, te ves a ti mismo en la orilla del océano dejándote mecer por el sonido de las olas. Situado ante el escenario de la meditación, tomas consciencia de tu respiración a medida que te adentras en el hogar de ti mismo frente a la inmensidad del mar. Refugiándote en tu postura estable que te aporta solidez y estabilidad, notas que tu respiración fluye sin obstáculos frente al espectáculo de las olas del mar. La brisa del mar va tejiendo la antesala de tu meditación y suavemente penetras en un espacio de profundidad.

Al inspirar, mi inspiración es una ola que penetra en el océano.
Al espirar, mi espiración es una ola que se aboca a la orilla.
Mi inspiración, una ola penetrando en el océano;
mi espiración, una ola abocándose a la orilla.

Cuando inspiras, te dejas invadir por una ola que penetra en el fondo del océano. El aire que inhalas es esta ola que la corriente introduce en tu cuerpo bañándolo todo. Eres consciente de la armonía de esa ola de aire adentrándose en ti y de su frescor bañando las células de tu cuerpo. Cuando espiras, eres consciente de la ola abocándose a la orilla, abriéndose camino hacia el exterior. La ola se deshace en el fluir de tu espiración dejándote libre y reposado, listo para ser mecido por el vaivén de otra nueva ola que sostiene tu vida. En este ir y venir de las olas de tu respiración consciente posas tu atención en el balanceo fluctuante de las olas yendo y viniendo ininterrumpidamente.

Al inspirar, contemplo la amplitud de la ola
en el transcurso de mi inspiración.
Al espirar, contemplo la amplitud de la ola
en el transcurso de mi espiración.
Amplitud de la ola en el transcurso de mi inspiración,
amplitud de la ola en el transcurso de mi espiración.

En el ir y venir de las olas, enfocas tu atención en el suave transcurso de la ola interiorizándose en el mar. Sigues todo el trayecto hasta el final y contemplas la belleza de la amplitud de la inhalación penetrando en tu cuerpo. No deseas modular el ritmo de la ola. Confías plenamente en su propio proceder contemplando con atención cada sacudida hacia el interior del océano de tu cuerpo. Al espirar, enfocas tu atención en la suave ondulación de la ola de vuelta a la orilla, siguiendo todo el trayecto en sí mismo y observando con curiosidad el viaje de la ola hacia el horizonte de la vida. Esta contemplación incesante del trayecto de las olas yendo y viniendo te brinda la oportunidad de contemplar el majestuoso espectáculo de la naturaleza del océano con su sostenido vaivén de olas inmersas en sí mismas, sublimes en su impermanencia y agradecidas en su ofrecimiento libre y generoso.

> Al inspirar, el recorrido de la ola
> se hace profundo en mi inspiración.
> Al espirar, el recorrido de la ola
> se hace lento en mi espiración.
> El recorrido de la ola se hace profundo,
> el recorrido de la ola se hace lento.

En la quietud de tu respiración consciente, sientes el recorrido de la ola penetrando en lo más hondo de tu cuerpo a medida que enfocas tu atención plenamente. Y tu atención se deja acariciar por la ola que penetra con cada inhalación y hace que todo tu cuerpo y tu mente vayan serenándose en ese viaje eterno hacia el esplendor de ti mismo. Al espirar, la ola de tu exhalación se alarga y ralentiza, y tu atención sigue la ondulación serena de la ola recorriendo el proceso inverso hacia el exterior, hacia la orilla. La atención consciente se afianza y acentúa su concentración en el transcurso del zarpeo incesante de las olas del mar. En el transitar consciente, la ola de la inspiración se va haciendo más profunda y la ola de la espiración se va volviendo más lenta ante la presencia de tu concentración.

Al inspirar, contemplo la belleza de la ola en sí misma.
Al espirar, disfruto del instante eterno que es la ola.
Contemplando la belleza de la ola,
disfrutando del instante eterno.

En el ir y venir de olas desplegándose en su propio transitar por la corriente del océano, tu atención se vuelve más penetrante y serena. Ahora puedes contemplar la belleza de la ola en sí misma. Tu mirada profunda penetra en la naturaleza de la ola de forma que obtienes una más clara comprensión de la vida de la ola. Ella no desea ser océano, sino ser sencillamente una ola; ser bella, ser ella misma, ser su propia naturaleza. Si la ola estuviera distraída, pensando en otra cosa, y no estuviera presente para su brillante misión, ¿quién más podría desempeñar la labor extraordinaria de la ola? Por ello, la ola se entrega en cuerpo y alma, presente en sí misma, yendo y viniendo, serena en su transitar, impermanente en su propia belleza, sin miedo a su derrumbe, expuesta y confiada a su eterno devenir. Esa confianza y ligereza le garantiza su propia continuación. Si estuviera distraída, se produciría un desastre. Pero ella, humilde en sí misma y consciente en su propio estado de presencia infinito, ni siquiera se atrevería a apreciar un cambio de rumbo. El transcurrir de la ola es un instante sublime, único en sí mismo. En ese trayecto, tiempo y espacio dejan de ser dos entidades separadas para unirse en un mismo palpitar eterno en su propia impermanencia inmortal.

Al inspirar, contemplo el surgimiento de la ola en su despertar.
Al espirar, contemplo la extinción de la ola en su expiración.
Surgimiento de la ola en su despertar,
extinción de la ola en su expiración.

En el sosiego de nuestra propia respiración, podemos afinar aún más nuestra concentración al observar atentamente el surgimiento de la ola en su despertar. Cuando la calma de nuestro cuerpo y mente es profunda, hay más espacio para contemplar la realidad tal cual es sin las turbulencias de nuestras percepciones. Miramos atentamente y conectamos con una gran suavidad que es casi efímera pero extraordinaria y que, a medida que agudizamos nuestra concentración, nos posibilita adentrarnos en un espacio infinito que no cesa nunca. El nacimiento de la ola no tiene fin. Es imperecedero, al igual que la extinción de la ola.

Desde un cuerpo turbio y nebuloso fijamos el transcurrir de la ola en dos episodios perceptivos que son el nacimiento y su expiración, como si tales eventos caracterizaran la verdadera naturaleza de la ola. Sin embargo, si logramos mantener la atención con más firmeza, y las olas de nuestro cuerpo empiezan a apaciguarse y serenarse, alcanzaremos a contemplar la verdadera realidad de la ola que no es la de su nacimiento y extinción, sino la de una larga e indestructible sucesión de infinitos instantes-ola que no son otra cosa que la formación del vacío absoluto que es la ola. En esa realidad únicamente aprehendida desde la experiencia directa, logramos contem-

plar nuestra verdadera naturaleza, que es de una belleza ina-
sible, y que no tiene principio ni fin.

> Al inspirar, el mar se ha calmado y es transparente.
> Al espirar, un rayo de sol se refleja
> en la profundidad del océano.
> El mar, calmado y transparente;
> un rayo de sol reflejando en la profundidad del océano.

En el fluir de las olas del mar, nuestra respiración se funde en la
totalidad del océano. Dicha experiencia nos ha calmado hasta el
punto de poder atisbar la realidad de nuestra naturaleza eterna
y al mismo tiempo impermanente. El mar es ahora transparente, las olas se han aplacado, y podemos observar la realidad tal
como es. En la profundidad del océano se refleja un rayo de sol
infalible que ilumina un fondo diáfano y puro, que es nuestra
verdadera naturaleza, brillante e inmaculada. Penetramos en
nuestra auténtica sustancia, que va más allá de las formas, y nos
precipitamos en la comprensión de nuestra verdadera naturaleza, que es el vasto océano abrazándonos en un cálido suspiro.

> Al inspirar, la ola no es diferente del océano.
> Al espirar, el océano no es diferente de la ola.
> Ola, no diferente del océano;
> océano, no diferente de la ola.

Fundido en el sosiego de tu propia naturaleza, contemplas que la ola no es diferente del océano; que el océano no es diferente de la ola. Los dos, llamados conceptos o entidades separadas, al reflejar la verdadera sabiduría que se manifiesta cálida a través de un rayo de sol iluminando la profundidad del océano, te revelan la verdad de la ola, más allá de percepciones erróneas o apariencias equivocadas. Solo en la profundidad de la fuente clara de nuestra presencia podemos vislumbrar la verdadera visión profunda que refleja, como un espejo nítido, la realidad tal cual es.

Al inspirar, el océano fluye a través de mis venas.
Al espirar, mi naturaleza es de la naturaleza del océano.
El océano fluyendo a través de mis venas;
mi naturaleza, de la naturaleza del océano.

En el espejo inmaculado de nuestra comprensión, aprecias que la naturaleza del océano no difiere de tu propia naturaleza. Cuando miras profundamente, ves el océano fluyendo a través de tus venas. El elemento agua contiene al océano y te contiene a ti en su magnitud. El océano y tú no sois dos entidades separadas, sino que sois una sola unidad respirando al unísono en la vastedad del cosmos que todo lo habita. Tu naturaleza es de la naturaleza del océano; el océano es de tu propia naturaleza y, aunque tus ojos te muestren que el objeto océano está separado del sujeto que eres tú, cuando los cierras y te sumerges en la verdadera naturaleza de todas las cosas, allá despiertas a tu verdadera visión correcta y en esa fusión cálida y transcendente el océano y tú despertáis de la dualidad del olvido y la confusión.

> Al inspirar, mi inspiración es el océano del cosmos.
> Al espirar, mi espiración es el espacio eterno.
> Mi inspiración, el océano del cosmos;
> mi espiración, el espacio eterno.

Cuando despiertas a tu verdadera naturaleza, tu inspiración se rinde ante el océano del cosmos. Un gran océano de amor y belleza atraviesa el fluir de tu inspiración y tu unidad con todo es un estallido cálido que impregna tu ser. El océano está hecho del cosmos; el cosmos está hecho del océano. En este vasto espectáculo que contemplas al cerrar tus párpados, la claridad cobra forma en el vacío armonioso de tu yo extinguido en un brillante resplandor. Tu espiración es un espacio eterno, inamovible, continuado e impermanente. En ese espacio eterno el cosmos se rinde ante sí mismo, inundado de sí mismo, en su propia inagotable naturaleza.

> Al inspirar, me rindo a mi verdadera magnitud.
> Al espirar, el momento presente es mi verdadera morada.
> Rendido a mi verdadera magnitud;
> momento presente, mi verdadera morada.

En este despliegue que palpita a cada respiración, te rindes a tu verdadera magnitud y ahí puedes perdurar en tu propia impermanencia y sabiduría suprema. Tu verdadera magnitud no entiende de formas, a pesar de ellas. Se extiende abierta como un rayo de luz que todo lo alcanza en el suave latir del cosmos; como un pájaro que al desplegar sus alas se alza alto, en lo invisible, sin dejar rastro de su propio vuelo. Solo en el momento presente tu verdadera morada es invencible. Rendido a la magnitud del momento presente, en el único tiempo y espacio posibles, tu verdadera naturaleza se alza lúcida entre el rugido incesante de olas de tu inspiración y espiración, entre el continuo bramar del cosmos atravesando la magnitud de todo tu cuerpo.

3

Tu propio hogar, tu propia isla

Ser consciente del cuerpo como nuestro propio hogar nos invita a habitar nuestro espacio más sagrado con respeto y reverencia, y encontrar en él una vía hacia la libertad interior. En nuestro cuerpo hallamos refugio y serenidad si despertamos nuestra mirada profunda. Nuestro espacio sagrado lo identificamos con una isla en la que nos adentramos y vislumbramos claridad plena. Nuestra propia isla es un espacio libre de juicios, percepciones erróneas o formaciones mentales* difíciles. Solo en el momento presente trascendemos nuestros estados más vagos para acceder a un espacio de paz, vacío y libertad.

---

* *Formación* significa «lo que se ha manifestado» (Thich Nhat Hanh, *Comprender nuestra mente*, *op. cit.*).

Al inspirar, sé que estoy inspirando.
Al espirar, sé que estoy espirando.
Inspiro,
espiro.

Cuando enfocas la atención en el aire entrando y saliendo por tu nariz, un estado de serenidad va amainando la agitación en tu cuerpo. Te fundes con tu inspiración y el aire suaviza las tensiones internas. Cuando el aire sale, tu cuerpo espira tranquilidad y quietud. A medida que tu atención se centra y tu respiración agitada se calma con cada inspiración y espiración, tú te vuelves más estable.

Al inspirar, mi cuerpo es mi propio hogar.
Al espirar, en mi propio hogar me relajo.
Mi cuerpo, mi propio hogar;
relajándome.

Con la atención centrada, contemplas tu cuerpo como la verdadera morada. Eres consciente de tus sensaciones corporales. Cuando tomamos consciencia sobre nuestro verdadero hogar, lo visualizamos como un lugar cálido y calmado donde deseamos estar. Quizás tu hogar hoy esté un tanto desordenado o en él se haya colado algún viento tempestuoso. Aprovechamos el espacio de meditación para investigar cuál es el estado de tu propio hogar al ser consciente de las sensaciones en el cuerpo. Te abres a cualquier experiencia que estés advirtiendo, sin rechazarla o enjuiciarla. Sencillamente, observas con curiosidad desde una actitud de apertura y aceptación.

Tal vez te urja cerrar las ventanas de tu hogar para hallar la quietud que necesitas. Al tratar de relajar tu cuerpo aflojas partes de él en que hay rigidez o resistencia, y, así, accedes a un espacio muy íntimo de quietud. Cuando el cuerpo está calmado tu hogar es más apacible y observas con más claridad.

Al inspirar, mi hogar se vuelve sosegado y apacible.
Al espirar, mi cuerpo sonríe.
Mi hogar, sosegado y apacible;
mi cuerpo sonriendo.

Tu respiración atenta, enfocada en las sensaciones del cuerpo, ha relajado paulatinamente tu propio hogar, y poco a poco este se hace más sosegado y sereno. Al sentir un espacio de quietud y sosiego, disfrutas plenamente de estar en casa y todo tu cuerpo disfruta contigo. No es algo que debas razonar. Es tan simple como abrirte a tus sensaciones y permitir que aflore un estado apacible y sosegado.

Tu cuerpo relajado siente mucho bienestar y desea sonreír. Tú puedes ayudarle esbozando una leve sonrisa de tus labios para que él reencuentre la calma y el reposo en su propio hogar.

Al inspirar, mi isla es mi propio hogar.
Al espirar, me refugio en mí mismo.
Mi isla, mi propio hogar;
refugiándome.

Cuando estamos tranquilos y las tensiones en nuestro cuerpo desaparecen, alcanzamos a divisar nuestra propia isla en estado de calma. La isla interior es un espacio muy profundo al que accedemos si las olas del océano de nuestro cuerpo están serenas. Es como nuestro venerable altar de casa donde nos retiramos a meditar y a recogernos de las turbulencias del mundo exterior. Ahí conectamos con nuestro verdadero ser y nuestro hogar se convierte en un espacio muy sagrado.

En tu propia isla hay recogimiento y tranquilidad. Siempre puedes acudir a ese espacio de ti mismo cuando te sientes disperso y necesitas más quietud y claridad, o cuando las impresiones que te rodean te perturban. Tomar refugio en tu propia isla te conecta con tu energía genuina y con tu verdadera presencia. Allí nadie puede molestarte, y es donde mejor te concedes un espacio para acceder al maravilloso mundo de tu belleza interior, en que la clara visión se manifiesta para alcanzar una comprensión más profunda de tu verdadera realidad.

Al inspirar, mi isla es mi propia paz.
Al espirar, me siento estable.

Mi isla, mi propia paz;
estable.

En la paz de tu isla estás a salvo. Nadie puede perturbarte, ni siquiera tus percepciones erróneas. Allá te sumerges en una fuente de paz inagotable que impregna el fondo de tu conciencia donde se ubican todas nuestras semillas beneficiosas, neutras y difíciles. La paz baña suavemente tu conciencia y todas las células de tu cuerpo. No necesitas preguntarte nada más, sino dejarte mecer por la inalterable naturaleza de la paz que está dentro de ti.

La paz de tu isla interior brinda estabilidad y solidez a tu vida. Confías en la estabilidad que te otorga la paz de la plena consciencia. El espacio de meditación te guía hacia la confianza plena en tu propia naturaleza pacífica. Desde la paz, los paisajes de nuestra vida se perciben con más discernimiento y las decisiones son más acertadas, intuitivas y compasivas.

Al inspirar, yo soy mi propio hogar.
Al espirar, yo soy mi propia isla.
Yo soy mi hogar,
yo soy mi isla.

Al tomar refugio en tu propia presencia ya no estás apegado a las ideas y a las formas. Eres consciente de que están ahí, de que forman parte de tu vida relativa. Sin embargo, puedes trascenderlas y ser consciente de que tu yo más profundo es tu propio hogar, no tu cuerpo, ni tus ideas o percepciones. Ese hogar es inefable. Va más allá de tu propia existencia, no tiene fin.

Hogar e isla, en este punto, son de la misma naturaleza. En el espacio de beatitud y trascendencia los conceptos comienzan a difuminarse y adquieres un estado de espaciosidad en que ya no te confundes con lo irreal. Somos conscientes de que nuestra percepción es un reflejo de la mente y solo nuestro propio camino de transformación es capaz de ofrecernos una mirada más bella, saludable y compasiva.

> Al inspirar, mi hogar es el momento presente.
> Al espirar, mi isla es libertad.
> Momento presente,
> libre.

El momento presente es una fuente inagotable de energía que está a nuestra disposición las veinticuatro horas del día. Cada momento del día está disponible en ti para despertar al milagro de la plena consciencia y, así, reconocer tu verdadero hogar que yace en lo más profundo de tu conciencia, en el aquí y el ahora. Al hacerte uno con el momento presente a través de tu respiración atenta, viajas al espacio de ti mismo que es tu verdadero hogar, un hogar que trasciende las formas y las apariencias y que contiene el universo.

El momento presente es libertad; el hogar de ti mismo es libertad. Solo a través del momento presente accedemos a nuestro verdadero reino que es la libertad. En esa isla de uno mismo ya no estamos sometidos al esclavismo de las formaciones mentales nocivas o de los estados de separación. Somos libres y hemos despertado a nuestra realidad genuina que está disponible en cada momento. La libertad nos otorga una visión más profunda y compasiva de la realidad y del mundo en que vivimos. Las cadenas de nuestra propia existencia relativa ya no nos atan, y nos abrimos a un camino de transformación, servicio y expresión de nuestro verdadero medio de vida.

4

Consciente de tu cuerpo, agradeciendo

El cuerpo es nuestro acompañante más preciado en el camino de vida. Nunca le agradecemos lo suficiente el tiempo que nos dedica y los beneficios que nos aporta a lo largo de nuestra trayectoria vital. Fielmente nos acoge, y en él transitamos a lo largo de la vida. No obstante, no solemos estar presentes para nuestro cuerpo, y vivimos sin vivir en él, alejados de su sabiduría y conocimiento profundo. En esta meditación guiada enfocamos la atención en zonas específicas del cuerpo para mirar profundamente y nutrir la compasión y el agradecimiento. Estar presente para el cuerpo es el regalo más digno que nos podemos proporcionar con el objeto de vivir más arraigados en nuestra fuente de plenitud y bienestar. El cuerpo está continuamente aportándonos signos sobre su salud y estado vital. Pero la mente, tan acelerada, no suele atender a los mensajes que el cuerpo muy sabiamente expresa, con el deseo de guiarnos hacia una vida arraigada en su naturaleza profunda. Cuando lo escuchamos, puede ser

demasiado tarde, y contraemos enfermedades que podríamos
haber evitado si hubiéramos vivido más presentes en nuestro
cuerpo. Asimismo, la impermanencia de nuestra forma física
es una ley de la que no podemos escapar. Un día, nuestro
cuerpo enfermará y perecerá, pero, mientras tanto, disfrute-
mos de su sabia presencia y agradezcamos la belleza de su
obra y de su dedicado trabajo, con el que fielmente se aferra
a nuestra continuación y trascendencia. Seamos dignos de él
al igual que él se siente digno de nosotros en cada latido que
bombea desde el corazón, que es la campana de nuestro cuerpo. Este pequeño refugio es nuestro cálido hogar, que merece de nuestro más delicado aprecio y atención consciente.

Al inspirar, soy consciente de mi respiración como alimento.
Al espirar, agradezco la respiración que sustenta a mi cuerpo.
Consciente de mi respiración como alimento,
agradeciendo.

Eres consciente del aire entrando y saliendo por tus fosas nasales. La atención consciente en la respiración te serena y apacigua
las turbulencias de tu cuerpo y mente. En el sosiego de tu respiración observas más profundamente y contemplas cómo tu
propia respiración es un alimento para tu cuerpo. Sin el alimento
de tu respiración, tu cuerpo no existiría y tú no podrías desarrollar tu vocación profunda de vida. Nuestro primer alimento es
la respiración. Cuando enfocas tu atención en la respiración, el

alimento se vuelve nutritivo y saludable para tu cuerpo y mente. La capacidad de atención es la clave para que el alimento del aire que respiras acaricie todas las células de tu cuerpo con la suavidad de tu conciencia despierta. Cada inspiración y espiración sustenta a tu cuerpo y le ofrece la vida. Cuando te nutres de aire puro, el alimento para tu cuerpo es más saludable y su vitalidad es más robusta. Ahora es un buen momento para agradecer, desde lo más hondo de tu corazón, el valioso alimento de la respiración, que fluye a través de tu cuerpo para ofrecerte la vida.

Al inspirar, soy consciente de la totalidad de mi cuerpo.
Al espirar, agradezco al organismo vivo que es mi cuerpo.
Consciente de la totalidad de mi cuerpo,
agradeciendo.

En la calma de tu meditación eres consciente de la totalidad de todo tu cuerpo. Tienes un cuerpo que te apoya en tu trayectoria vital, y eso es digno de ser celebrado. Siendo consciente de todo él en su conjunto, le ofreces la atención que merece y celebras que tienes un cuerpo que está disponible las veinticuatro horas del día para ti, incondicionalmente. Disponer de un espacio del día reservado para estar presente en tu cuerpo, en el silencio de tu meditación, es muy grato para él. Tu cuerpo trabaja muy duro y necesita de tu reconocimiento para que resplandezca e ilumine todos tus actos. En el espacio de reconocimiento que ofreces a tu cuerpo, agradeces al organismo vivo que es. Él está presente para ti, y eso te hace muy feliz. Su felicidad es tu felicidad y los dos resplandecéis de agradecimiento y plenitud. En el refugio de tu cuerpo, tu felicidad es posible.

> Al inspirar, soy consciente de mi pierna derecha.
> Al espirar, agradezco la dicha de caminar libremente.
> Consciente de mi pierna derecha,
> agradeciendo.

Te enfocas en tu pierna derecha y en las sensaciones que emergen de ella. Tu pierna también necesita de tu reconocimiento atento y pleno. Le dedicas tu presencia y alimentas su energía con el nutriente de tu respiración consciente. Gracias a tu pierna derecha, puedes caminar libremente. Ella te lleva en todas las direcciones de vida imaginables. Con tu pierna derecha plantas semillas de amor en la madre tierra que te sostiene alegremente a cada paso que das. En este espacio de presencia, toda tu atención consciente está dirigida a la pierna derecha. Tu reconocimiento amoroso es un acto de agradecimiento hacia ella que se estremece en cada firme sello que planta en el corazón del universo.

> Al inspirar, soy consciente de mi ojo izquierdo.
> Al espirar, agradezco la contemplación de un cielo azul.
> Consciente de mi ojo izquierdo,
> agradeciendo.

Tu atención se centra en tu ojo izquierdo. Lo sientes reposando bajo la cortina de tu párpado sereno mientras meditas. En la quietud de tu meditación él acecha en tu interioridad. Cuando tu ojo izquierdo está abierto contemplas paisajes maravillosos de todos los colores y condiciones. Él es muy pequeño y muy grande a la vez. El círculo de su forma es un reflejo del círculo de tu existencia, imparable y perfecto en su medida. Con tu ojo izquierdo contemplas un cielo azul y te pierdes en la amplitud de su horizonte. Cuando tu mirada es limpia, todo resplandece a imagen y semejanza de la claridad de tu visión. En este espacio de pleno reconocimiento te armonizas con tu ojo izquierdo en un acto de amor agradecido.

Al inspirar, soy consciente de mi corazón.
Al espirar, agradezco el latido hondo de mi palpitar.
Consciente de mi corazón,
agradeciendo.

Enfocando tu atención plena en el corazón, sientes como un sol espléndido palpita muy en lo hondo. Tu corazón, conscientemente, late sin reposo para dar vida a tu existencia. Cuando centras la atención en el corazón, una suave dulzura emana de ti y todo brilla con amor y compasión. Tu corazón es una válvula sólida y luminosa que se renueva a cada instante al palpitar sin descanso para ti. Es un espacio muy sensible y vulnerable que requiere de tu presencia para latir con paz y armonía. Cuando respiras plenamente enfocando tu atención en el corazón, la luz de tu ser se enciende como un sol radiante y todos los que te envuelven se iluminan con tu esplendor. En el hogar sereno de tu corazón, la fuente de tu ser fluye agradecida, proyectada en infinitas direcciones, acariciando a todos con el eterno latido de tu amor.

> Al inspirar, soy consciente de mi mano derecha.
> Al espirar, agradezco la caricia cariñosa a mi ser querido.
> Consciente de mi mano derecha,
> agradeciendo.

Con tu mano derecha contactas con todas las maravillas que te rodean. Tocas el mundo con tus dedos cuando respiras profundamente en tu interior. Al inspirar, eres consciente de tu mano derecha y de cada uno de sus cinco dedos que se extienden abiertamente para ofrecer cariño y comprensión. Tu mano es un pequeño sol luminoso, rodeada de cinco rayos que penetran en el corazón de la vida. Cada dedo es un milagro y todos cumplen la misión de servir y ser ellos mismos en su forma y en esencia. Tu mano derecha recibe mensajes de todo tu cuerpo y bendice a todo aquel que toca. Con ella acaricias a tu ser amado y le transmites tu belleza e inspiración. Colocando tu mano en el corazón, te inclinas con reverencia y gratitud. Ella te guía hacia la senda de tu verdadera transmisión.

Al inspirar, soy consciente de mis labios.
Al espirar, agradezco la dulzura de mi leve sonrisa.
Consciente de mis labios,
agradeciendo.

Con una leve sonrisa, eres consciente de tus labios. Al inspirar con alegría, tus labios se convierten en una invitación generosa a mirar profundamente en la interioridad de tu cuerpo. Tus labios desprenden paz y armonía cuando tu respiración es consciente de sí misma. Ellos son la antesala de tu cuerpo. A través de tus labios, los regalos del cosmos en forma de alimento se adentran en el organismo vivo que es el cuerpo y te invitan a vivir y disfrutar de la experiencia única de poder realizar tu verdadera vocación en este precioso planeta. Tus labios se merecen de ti una sonrisa de agradecimiento por servir como puerta a tu más recóndito y cálido universo. Una sonrisa tuya bastará para salvarte.

Al inspirar, soy consciente de mi pie izquierdo.
Al espirar, agradezco el contacto con la tierra húmeda.
Consciente de mi pie izquierdo,
agradeciendo.

Cuando inspiras, enfocas tu atención consciente en tu pie izquierdo. Él se merece tu atento cuidado dedicándole tu tiempo y espacio a cambio del tiempo que él siempre te ofrece desde que os manifestasteis en este bello planeta. Con tu pie izquierdo acaricias la tierra e impregnas tu huella de amor y bondad a cada paso que plantas en ella. A través de tu pie izquierdo que pisa con solidez, tu cuerpo transmite al mundo ofreciendo luz en todos tus actos y desplazamientos. Tu camino de vida está enmarcado en tu pie izquierdo. Él te acompaña fielmente en cada rumbo que emprendes y en cada acto bondadoso que realizas con la sólida presencia de tu pie. Cuando contactas con la tierra húmeda, agradeces a tu pie izquierdo el camino fértil que se abre ante ti, y que solo a través de él cobra valor, en cada paso firme confiado a la tierra.

Al inspirar, soy consciente de mi nariz.
Al espirar, agradezco el perfume de mi respiración consciente.
Consciente de mi nariz,
agradeciendo.

Consciente de tu nariz, inspiras el aire generoso en el que te refugias. Cada inhalación y exhalación es un acto de agradecimiento a tu nariz por abrir paso a la vida a través de ella hacia el hogar de tu cuerpo. Si descansas unos segundos y te refugias en el ritmo cálido del aire entrando y saliendo por tu nariz, la gratitud surgirá libremente y la vida, abierta a través de ti, se convertirá en el perfume de tu plácida práctica de meditación. No hay más preciado perfume que el de la propia vida respirada en cada inspiración y espiración consciente, inundando todo el organismo vivo de tu cuerpo. El perfume del aire refresca tu cuerpo y tu mente se renueva a cada segundo que el aroma del aire se cuela por tu nariz. Consciente de tu respiración, la vida es un perfume cuando despiertas al milagro de la plena consciencia.

Al inspirar, soy consciente de mi pecho derecho.
Al espirar, agradezco la leche que nutre la vida.
Consciente de mi pecho derecho,
agradeciendo.

Tu cuerpo generoso ofrece a través de ti los nutrientes necesarios para promover la vida. Tu pecho derecho, si eres mujer, tiene una labor fundamental al ofrecer el sustento de crianza básico amamantando al bebé en sus primeros meses de vida. Al inspirar, eres consciente de tu pecho derecho y, al espirar, agradeces el don que la vida te ofrece para garantizar el alimento y los nutrientes básicos de vida. No importa si tienes hijos o no; no importa si eres hombre o mujer. La clave está en la capacidad amorosa de la vida de proveer las condiciones necesarias para sustentar la bondad y el amor. Cuando te haces consciente de esa parte tan sensible del cuerpo de la mujer, contactas con las semillas de la fertilidad, y el milagro de la generosidad y el amor brota a flor de piel a través del suave palpitar de tu pecho derecho.

Al inspirar, soy consciente de mi espalda.
Al espirar, agradezco el pilar de mi postura estable.
Consciente de mi espalda,
agradeciendo.

Tu espalda mantiene tu cuerpo sólido como una montaña. Gracias a tu espalda, la vida en tu cuerpo es posible, y por ello ahora enfocas tu atención en el cuidado y firmeza de tu espalda. Debido a nuestra vida ajetreada, solemos cargar a la espalda las preocupaciones, tensiones o posturas perjudiciales. Nuestra escasa atención y confianza en la sabiduría del cuerpo hacen que vivamos disgregados de las sensaciones que nos transmiten su más sabia información. Al inspirar, eres consciente de tu espalda, y al espirar agradeces que sea el pilar de tu postura estable y sólida. Gracias a tu espalda, eres una montaña vigorosa y llena de vida que indica el camino amoroso a seguir. Al enfocarte en tu espalda, la relajas suavemente y agradeces el magnífico trabajo que hace por ti siendo el pilar de tu hermosa fortaleza. Cada acto de reconocimiento que dedicas a tu espalda es una reverencia al eje que guía el armazón de tu firme caminar.

Al inspirar, soy consciente de la relajación de mi cuerpo.
Al espirar, agradezco el hogar cálido de mi cuerpo.
Consciente de la relajación del cuerpo,
agradeciendo.

En el proceso de ser consciente, mirar profundamente y agradecer, has relajado el cuerpo del estrés, la ansiedad y la falta de cuidado. Ahora que tu cuerpo está relajado, escuchas más profundamente los mensajes de sabiduría que te transmite todo el tiempo. Él está ahí para ti a lo largo del fenómeno de tu manifestación, ofreciéndote amparo y un hogar seguro para tu camino pleno de vida. A través de tu cuerpo eres un milagro para la existencia y recibes los bienes que la vida te tiene reservados. En su hogar cálido, tú puedes ser tú mismo y descubrir las maravillas que tu minúsculo cuerpo puede hacer por ti. Tu cuerpo es el regalo más preciado que el cosmos puede ofrecerte para que despliegues tu verdadera vocación plena. Consciente de la relajación del cuerpo, los regalos de la madre naturaleza afloran de su estado de letargo y despiertas a tu profunda realidad.

5

Tus padres, el amor del cosmos

Somos una semilla en la naturaleza del cosmos. Nuestra madre y nuestro padre son transmisores de cualidades nutritivas, como el amor y la bondad. Ellos estimulan nuestra continuación y, en su momento, plantaron una semilla, que eres tú, en la fuente del cosmos. Esta meditación nos invita a penetrar en la energía de la transmisión ofrecida por nuestros ancestros, nuestra madre y nuestro padre, y a mirar profundamente en la semilla del amor y la bondad, tanto en nuestros padres como en nosotros, como continuación de ellos, y que manifestamos en el inmenso cosmos. Posiblemente, si la relación con nuestra madre o padre ha sido difícil y sentimos dificultad en manifestar las cualidades del amor y la bondad a través de ellos, en esta meditación nos abriremos a reconocer y mirar profundamente, más allá de las formaciones que hemos fijado en nuestra conciencia a lo largo de los años. Contemplaremos las muestras de amor y bondad, por sencillas que nos parezcan, que nos han sido transmitidas por ellos y que podrían ir mucho más allá de su propia conciencia. El simple hecho de darnos a luz es el más bello acto de amor y bondad que un ser pueda recibir de sus padres. Nuestros padres nos ofrecieron cobijo, un techo bajo el que guarecernos del frío, un plato donde alimentarnos, una educación y quizás grandes o reducidas muestras de cariño y afecto de acuerdo a su comprensión y circunstancias de vida. Si permanecemos en calma, permitiendo que nuestra mirada se torne clara y compasiva, contemplaremos las múltiples muestras de amor y bondad que brillan en el corazón de nuestros padres y que continúan a través de la semilla que ellos han depositado en nosotros.

Nuestros pies son dos raíces profundas que nos arraigan a la tierra conectándonos simbólicamente con nuestros ancestros cercanos y lejanos. A través de nuestro pie derecho, conectaremos con la energía de nuestra madre en nosotros y, a través de nuestro pie izquierdo, conectaremos con la energía de nuestro padre. Esta meditación puede realizarse en la posición sentada, pero también caminando de tal forma que con cada pie apoyado en la tierra sientas la energía de tus padres. Al inspirar, das un paso con tu pie derecho y te abres a la energía de transmisión de tu madre; al espirar, das un paso con tu pie izquierdo y te abres a la energía de transmisión de tu padre en todo el recorrido de la meditación guiada. Iremos alternando cada paso con tu pie derecho e izquierdo en armonía con tu inspiración y espiración.

Al inspirar, mis pies son dos raíces sólidas.
Al espirar, la energía de mis padres fluye por mis dos pies.

Mis pies, dos raíces sólidas;
la energía de mis padres fluyendo por mis dos pies.

Al estar en contacto con ambos pies, los contemplas como dos raíces sólidas que penetran muy profundamente en la tierra y te transmiten la energía de tus padres. Estas raíces, reciben la sabiduría plena de todo el cosmos a través de tus pies y, si estás alerta, desarrollarás una conexión profunda con la energía profunda de tus padres. La energía de tus padres, fluyendo a través de tus dos pies, se extiende por todo tu cuerpo en cada respiración consciente.

Al inspirar, mi pie derecho transmite la energía amorosa
de mi madre.
Al espirar, miro profundamente en las semillas de amor
que hay en mi madre.
Pie derecho transmitiendo la energía amorosa
de mi madre,
mirando profundamente en las semillas de amor
en mi madre.

Al dar un paso, tu pie derecho transmite la energía amorosa de tu madre. Te abres a la energía de tu madre expandida por la planta de tu pie que se extiende hacia tu pierna. Esta conexión profunda te permite ahondar y desplegar un espacio de atención profundo para estar presente en la energía de tu madre. Al espirar, das un paso con tu pie izquierdo y contemplas las semillas de amor que hay en tu madre. Al caminar conscientemente, la energía de la calma te apoya en la observación profunda de las bellas semillas de amor que hay en tu madre. Puedes hacer brotar en ti muestras de amor que alguna vez tu madre te reveló incluso si estas no fueron transmitidas conscientemente por ella. Ahora es el momento de ampliar tu visión compasiva y contemplar sin juicios y con una mirada limpia y libre de percepciones equivocadas las cualidades amorosas que se encuentran en tu madre tanto si aún te da la mano como si ya no permanece a tu lado. Tu madre todavía te acompaña en tu dulce palpitar y en cada paso que ofreces conscientemente a la tierra. Su energía amorosa florece en ti y se expande como un suave perfume que se propaga en todas las direcciones.

Al inspirar, mi pie izquierdo transmite la energía bondadosa de mi padre.
Al espirar, miro profundamente en las semillas de bondad que hay en mi padre.
Pie izquierdo transmitiendo la energía bondadosa de mi padre,
mirando profundamente en las semillas de bondad en mi padre.

Al dar un paso, tu pie izquierdo transmite la energía bondadosa de tu padre. Sientes tu pie izquierdo apoyado en la tierra y a través de la planta del pie te conectas con la energía de tu padre a través de ti. La energía bondadosa de tu padre brota en cada paso que ofreces conscientemente a la tierra con tu pie izquierdo. Al espirar, con tu otro pie miras profundamente en las semillas de bondad que hay en él. Ahora te abres al espacio silencioso en tu interior para contemplar las muestras de bondad que tu padre tuvo alguna vez hacia ti. Quizás trabajaba muy duro para mantenerte, jugaba contigo o te reprendía cuando hacías algo mal para que aprendieras valores importantes de vida. Quizás tu padre ya no está a tu lado o aún tiene la oportunidad de compartir su tiempo y aficiones contigo. Cuando abres tu visión más lúcida, contemplas las bellas muestras de bondad que tu padre realizaba por ti en tu tierna infancia. Al hacer brotar ese espacio de ti, la bondad circula por tu cuerpo y mente y te colmas de semillas beneficiosas para tu conciencia.

Al inspirar, con mi pie derecho mi madre planta
semillas de amor.
Al espirar, con mi pie izquierdo mi padre planta
semillas de bondad.
Pie derecho, madre plantando semillas de amor;
pie izquierdo, padre plantando semillas de bondad.

Al dar un paso en plena consciencia con tu pie derecho, tu madre planta semillas de amor. Al invocar la energía de tu madre, es ella, que a través de ti, riega la semilla del amor en la tierra. Cada paso que das nutre de amor la tierra que pisas con las semillas amorosas de tu madre en ti. Una vez que has hecho florecer el amor de tu madre en ti a través de tu pie derecho, plantas semillas de plena consciencia al caminar besando la tierra con tu planta amorosa del pie.

Al dar un paso en plena consciencia con tu pie izquierdo, tu padre planta semillas de bondad. Cuando las semillas bondadosas han brotado en ti a través de tu pie izquierdo, plantas la energía de tu padre en la tierra. Somos una continuación de nuestros padres y, asimismo, nuestros padres continúan a través de nosotros en cada paso firme que ofrecemos al mundo. La tierra sobre la que pisamos se merece nuestra amabilidad al sembrar en ella semillas de bondad.

Al inspirar, la tierra es la transmisión
de mi madre amorosa.
Al espirar, la tierra es la transmisión
de mi padre bondadoso.
La tierra, la transmisión de mi madre amorosa;
la tierra, la transmisión de mi padre bondadoso.

Al entrar en contacto con la tierra, nos hacemos conscientes del amor que la tierra nos brinda con su sola presencia. La tierra nos acoge en la superficie de sus brazos, y sobre ella caminamos en paz, abiertos a la sabiduría de su comprensión transmitida en cada paso firme que damos sobre ella. Con su amor incondicional, la tierra, se nos entrega generosa, como una madre espléndida, que, con sus hijos todo comparte de manera ecuánime. Las semillas de amor de la tierra son la transmisión de tu madre amorosa que se manifiesta a través de la planta de tu pie derecho, en una caricia firme.

De igual manera, la madre Tierra nos transmite semillas de bondad a través del espectáculo de su obra extensa, profunda y silenciosa, dispuesta y generosa, como un padre bondadoso que nos colma de provisiones para nuestra protección y bienestar. Con cada paso ofrecido con el pie izquierdo, la tierra nos transmite semillas de bondad e ilumina nuestro cuerpo y mente de sabiduría y bondad.

Al inspirar, en mi corazón florece mi madre amorosa.
Al espirar, en mi corazón florece mi padre bondadoso.
Mi madre amorosa en mi corazón,
mi padre bondadoso en mi corazón.

Cuando das un paso al inspirar, en tu corazón florece tu madre amorosa. Con cada paso ofrecido a la tierra con amor, brota una flor en tu corazón. La semilla del amor en tu corazón es el suave abrazo protector de tu madre que tiernamente te acompaña como una caricia amable a cada paso que das.

Cuando das otro paso al espirar, en tu corazón florece tu padre bondadoso. La bondad de tu padre irradia en tu corazón con cada paso que plantas en la tierra como reconocimiento por la abundancia de semillas bondadosas que la tierra vierte en ti a lo largo de tu vida. Te confías a la tierra y, ella, bondadosamente, te entrega su más preciado regalo, que es su bondad.

> Al inspirar, mi amor es fruto de mi madre.
> Al espirar, mi paz es fruto de mi padre.
> Mi amor, fruto de mi madre;
> mi paz, fruto de mi padre.

Al inspirar, das un paso con tu pie derecho y tu corazón se colma del amor que tu madre te ha transmitido a lo largo de la vida. Su amor continúa a través de ti, incluso si ella ya no está presente en un plano físico. Te conectas con el amor que atraviesa todo tu cuerpo y que se extiende en todas direcciones. Tú eres amor expresado a través del amor de tu madre. Tu madre y tú no sois dos entidades separadas, sino un mismo amor prolongado en dos expresiones. Ella siempre está en ti y tú siempre estás en ella.

Al espirar, das un paso con tu pie izquierdo y todo tu cuerpo se colma de la bondad que es tu padre. Tú eres fruto de tu padre y su bondad a través de ti inunda todo tu ser. La energía de la bondad irradia por todo tu cuerpo, y tu corazón expande los dones que tu padre te ha transmitido como ofrenda a la vida que te brinda tu bella continuación.

Al inspirar, mi continuación es el amor de mi madre.
Al espirar, mi continuación es la bondad de mi padre.
Mi continuación, amor de mi madre;
mi continuación, bondad de mi padre.

Cuando ponemos las semillas del amor al servicio de los demás, posibilitamos nuestra continuación, que cobra forma en base a los pensamientos, palabras y actos con los que nos proyectamos en el mundo. Los hijos también son nuestra continuación, física y espiritual. A través de ellos transmitimos el mensaje de amor ofrecido por nuestros ancestros. Dando un paso con mi pie derecho, mi continuación es el amor de mi madre; dando otro paso con mi pie izquierdo, mi continuación es el amor de mi padre. Con cada paso que damos, nuestro camino de vida se ilumina del amor que nos ha sido transmitido por nuestra madre y padre físicos, y por todos los elementos, que, como la tierra, nos abrigan como una madre espiritual. Aquello que plantamos en el mundo lleva nuestro sello de amor y bondad si estamos atentos a vivir la vida con plena consciencia y profundidad.

Al inspirar, el cosmos es la transmisión
del amor de mi madre.
Al espirar, el cosmos es la transmisión
de la bondad de mi padre.
El cosmos, la transmisión del amor de mi madre;
el cosmos, la transmisión de la bondad de mi padre.

Si miras profundamente, contemplarás todo el cosmos en su magnitud como una madre amorosa y un padre bondadoso que están a tu disposición ofreciéndote los nutrientes necesarios para tu subsistencia y felicidad. Sin el regalo del cosmos tu vida no existiría. Él nos contiene, y nosotros lo contenemos a él. Puedes contemplar el amor del cosmos como la transmisión del amor de tu madre. Asimismo, puedes contemplar la bondad del cosmos como la transmisión de la bondad de tu padre. El amor y la bondad son dos semillas que están a tu servicio cuando aprendes a vivir la vida como el milagro que es, y despiertas de la somnolencia del olvido. Si por unos minutos te abres al latido de la plena consciencia, tu corazón se colmará del amor y la bondad del cosmos, alimentando tu cuerpo, mente y conciencia con cada inspiración y espiración que se abren en tu ser consciente. El amor de tu madre y la bondad de tu padre están plenamente presentes a tu alrededor y en tu interior en este preciso instante, susurrándote el mensaje más bello que jamás hayas escuchado. Si abres los oídos del corazón, sus voces regarán tu mente, y de tu corazón brotará un jardín de flores, el despertar del cosmos en su aroma más puro.

6

Dieta nutritiva para tu conciencia

Cuando nuestros órganos sensoriales entran en contacto con los elementos nutritivos que riegan las semillas de nuestra mente, nos orientamos hacia una vida más saludable y compasiva. Estamos bombardeados de infinitas impresiones que, en el contacto directo, y no siendo conscientes de ellas, nos arrastran hacia direcciones sobre las que generalmente carecemos de control. Cultivar una dieta saludable y compasiva es la receta que nos recomienda el maestro Thich Nhat Hanh en relación con cuatro aspectos clave: 1) la comida que ingerimos; 2) las impresiones sensoriales a las cuales estamos expuestos; 3) nuestro deseo o aspiración profunda de vida, y 4) la conciencia colectiva de los ambientes que nos rodean. Estos cuatro contactos constituyen nuestra dieta, que puede ser nutritiva o nociva para nuestra salud y la del planeta, dependiendo de la conciencia con que alimentemos nuestra mente, cuerpo y espíritu. Si mantenemos el compromiso y la intención consciente a la hora de elegir alimentos que nutran la conciencia, probablemente nuestra salud y bienestar mejorarán. Cuando sufres, o algo te crea malestar, la observación de tu relación con los cuatro contactos, te puede ayudar a entender cómo te has dejado influenciar o arrastrar. Cultivar un hogar cálido para nuestra conciencia es fundamental, junto con el ánimo de nutrir la fortaleza y el vigor de transmitir un camino más bello y compasivo a los seres que nos rodean y al mundo. Si no cuidamos de nuestro propio hogar sagrado dentro de nosotros, difícilmente cuidaremos bien a los demás y a nuestro preciado planeta.

> Al inspirar, el aire que entra nutre mi cuerpo.
> Al espirar, el aire que sale nutre mi entorno.
> Aire que entra nutriendo mi cuerpo,
> aire que sale nutriendo mi entorno.

Eres consciente del aire entrando y nutriendo tu cuerpo. Con cada inhalación el aire viaja a través de tus fosas nasales y fluye por todo el cuerpo oxigenándolo y bañando tus órganos con su frescor para su renovación y felicidad.

Al espirar, sueltas el aire con desapego, y agradeces el regalo que te brinda el universo. Con amor y entrega, devuelves el mismo regalo de tu espiración al exterior. El entorno se renueva con el aire que brota de tus pulmones y que riega el universo de pureza y bienestar.

Al inspirar, me refugio en una dieta saludable para mi cuerpo.

Al espirar, mis células están felices.

Refugiándome en una dieta saludable para mi cuerpo,

células felices.

La comida que ingerimos es el primer contacto con la nutrición en beneficio de la conciencia. Si regamos nuestro cuerpo con alimentos saludables que le aporten nutrientes de alegría y vigor, este se hallará más feliz, y nuestra conciencia, consecuentemente, florecerá. Hace falta ser consciente de los productos con los que nutrimos el cuerpo. Muchos contienen compuestos químicos que afectan a nuestra salud desarrollando enfermedades de todo tipo. Si cultivas tu plena consciencia, no solo en lo que compras y en cómo lo cocinas, sino, además, en cómo celebras el acto de comer en el día a día, el cuerpo lo agradecerá, y una sonrisa brotará de ti. Hemos de crear las condiciones para despertar a las maravillas que están presentes en cada momento de la vida. Manteniendo una dieta nutritiva a base de alimentos ecológicos que promuevan la salud y la compasión cultivas la gratitud hacia el planeta. En el modo de activar tu presencia y saborear los alimentos con gratitud y compasión, creas condiciones saludables para estar más despierta ante la vida que se te ofrece a cada instante.

Cuando los alimentos que entran en el cuerpo son saludables, las células están felices y funcionan correctamente. Somos conscientes de que en nuestro cuerpo existen numerosas células que realizan un maravilloso trabajo para nuestro beneficio y el del planeta. No estamos solos y aislados. Formamos parte de un todo, y para otros lo somos todo. Las células del cuerpo dependen completamente de nosotros: del tipo de alimento que ingerimos, de las emociones que cultivamos en nuestro cuerpo y mente, y de nuestra conciencia. Si ellas están sanas y felices, nos lo agradecerán y nos recompensarán haciendo que nuestro cuerpo vibre de alegría de vivir. Ofrezcámosles una dieta saludable con mucho cariño como si de nuestras propias hijas se tratara.

Al inspirar, me refugio en una dieta compasiva para el planeta.
Al espirar, los animales están felices.
Refugiándome en una dieta compasiva para el planeta,
animales felices.

No solo nos refugiamos en una dieta saludable, también desarrollamos la plena consciencia al elegir alimentos que causen el mínimo daño al planeta. Nuestra verdadera naturaleza es la del interser. ¿Por qué causar daño cuando podemos evitarlo? Causar daño al planeta es causarnos daño a nosotros y a nuestra especie. Toda causa tiene un efecto al que hemos de abrir nuestra conciencia. Así, elegimos alimentos y productos que contaminen el mínimo y que respeten la vida de los animales reduciendo nuestro consumo de carne o absteniéndonos en base a una dieta vegana. Cuando despertamos a la belleza de nuestro interior, somos conscientes de que con menos vivimos más felizmente. No necesitamos tanto para despertar a la alegría. El ansia por comer más o tener más resulta engañosa, y nos aparta del camino de plenitud en el que deseamos afirmarnos. Al escoger una dieta compasiva, nuestra mente brilla con paz y agradece actuar desde el amor y el respeto. Como recompensa, nuestra conciencia se abre como un sol.

El consumo de carne implica un enorme sufrimiento infligido a los animales y propiciado por la industria cárnica. Generalmente, se opera con poco cuidado y falta de ética y compasión con nuestros compañeros de camino, los animales. Estos son conducidos a un sufrimiento extremo a merced del consumo abusivo de los humanos, y este abuso es también culturalmente perpetrado al creer, como humanos, estar en posesión de todos los recursos que la naturaleza ofrece, como si creyéramos ser la especie superior que rige las reglas del ecosistema. Al escoger una dieta saludable, compasiva y equilibrada con el planeta, tu salud se beneficia, tu conciencia despierta y los animales están más felices y en paz. Refugiarse en la intención de hacer el mínimo daño es una práctica bondadosa que favorece que todos los seres del planeta vivan con más armonía y bienestar.

Al inspirar, me refugio en los elementos nutritivos
y refrescantes que me envuelven.
Al espirar, mis órganos sensoriales
(ojos, oídos, lengua, piel, nariz) están felices.

Refugiándome en los elementos nutritivos
y refrescantes que me envuelven,
órganos sensoriales felices.

El segundo contacto referente a la nutrición de nuestra conciencia son las impresiones sensoriales. Todo aquello con lo que entramos en contacto a través de los órganos sensoriales (ojos, oídos, lengua, piel, nariz) impacta considerablemente en nuestro cuerpo, mente y espíritu. En las sociedades estresantes y convulsas, se hace imperante protegerse de ambientes y estímulos que promuevan la violencia, la ansiedad o la vanidad. Si tienes el propósito de nutrir un camino de vida hermoso, has de cultivar la plena consciencia para que la intuición profunda te guíe en el camino que es adecuado para tu bienestar, el de tu familia y comunidades más preciadas. Así, te refugias en los elementos nutritivos que te envuelven y que regarán las semillas beneficiosas del fondo de tu conciencia para que la compasión pueda florecer.

Cuando regamos la belleza, la armonía y el amor todo nuestro interior se beneficia. Los ojos resplandecen al contemplar un suave amanecer, los oídos se armonizan al escuchar la voz amable de un amigo, la lengua se suaviza al saborear una fruta deliciosa, el cuerpo se serena al abrazar un grueso árbol centenario, la nariz se refresca al oler un jazmín a nuestro paso. Al hacer brotar la plena consciencia y enfocar la atención en elementos nutritivos que nos alientan a seguir un camino más bello y compasivo, nuestra presencia se abre como una flor.

Al inspirar, me refugio en mi aspiración más profunda.
Al espirar, mi mente está feliz.
Refugiándome en mi aspiración más profunda,
mente feliz.

El tercer contacto para un camino de vida más nutritivo está en relación con la vocación o aspiración profunda. ¿Qué motivan tus pensamientos, palabras y acciones en el día a día? Es importante indagar profundamente en la práctica habitual de meditación. ¿Qué motiva tu vida? ¿Cuál es tu aspiración o deseo más profundo? Indagar en estas cuestiones te guía hacia tu verdadero propósito e intención de vida para que tu tiempo no se te escurra entre los dedos. Si tu plena consciencia no es sólida, las impresiones sensoriales poco saludables te arrastrarán de un lado para otro entorpeciendo tu camino y propósito de vida profundo. Al traer estas preguntas a nuestra conciencia y observar profundamente en ellas, advertimos que nos hemos perdido durante mucho tiempo resbalando en deseos poco beneficiosos y constructivos. Cuando sintonizas tu aspiración profunda con el camino de abrirte a las maravillas que yacen en lo más hondo de tu conciencia, cada expresión que brota de tus actos desprende el mensaje que has venido a irradiar.

Para fortalecer nuestro deseo más profundo, nos entrenaremos en nutrir la voluntad. A veces sucede que abrigamos aspiraciones muy beneficiosas, pero carecemos del coraje de plantar semillas en nuestra mente que, gradualmente, en la medida en que nuestra fe y energía se esparcen a cada paso firme que damos, ofrecerán su fragancia por doquier. El cultivo de la voluntad en el día a día regará las semillas para que nuestra aspiración profunda ejerza una influencia en nuestra mente y en el mundo. La voluntad es una semilla que, cuando es ejercitada intencionadamente en la dirección adecuada, su frescor se expande y nos renueva.

Al inspirar, me refugio en la conciencia colectiva de mi *Sangha*.
Al espirar, la *Sangha* está feliz.
Refugiándome en la conciencia colectiva de mi *Sangha*,
Sangha feliz.

El cuarto contacto para una dieta saludable y compasiva es la conciencia colectiva de los ambientes en los que interactuamos. Hay ambientes que nos sanan y otros que son tóxicos. Cuando nos detenemos y la plena consciencia emerge en nosotros, incrementamos nuestra autonomía personal y, consiguientemente, tomamos decisiones más conscientes y alineadas con nuestra verdadera aspiración. La energía que genera el ruido, la contaminación, el tráfico, los ambientes comunitarios tóxicos en que prevalece la violencia, la ansiedad o la discriminación riegan las semillas nocivas de nuestra mente, y esto repercute negativamente en nuestro bienestar. Por tanto, es recomendable nutrirse de la energía de ambientes saludables que aporten bienestar y felicidad a nuestra vida. Una salida a la naturaleza nos refresca y nos reconforta interiormente.

También la energía colectiva de la *Sangha** o comunidad de práctica es nuestro más sincero aliado para nutrir juntos, como familia, una verdadera aspiración de vivir en plena consciencia y regar las semillas para una dieta saludable y compasiva. Cuando una serie de personas afectuosas se unen generando la energía de la plena consciencia, de la paz y la comprensión, la conciencia colectiva que impregna el ambiente es tan potente que los miembros de la *Sangha* pueden sanar sus percepciones o aflicciones por el simple hecho de estar presentes respirando como comunidad amorosa.

Cuando la conciencia colectiva de la *Sangha* o comunidad riega nuestra mente de afecto y alegría, todos sus miembros se benefician y de sus corazones brotan la amabilidad y la compasión. No hay mayor espacio de nutrición que el manifestado por un grupo de personas que riegan las semillas bondadosas y que hallan sanación y transformación en el ambiente amable y renovador que integra la conciencia colectiva de la *Sangha*.

---

*   La *Sangha* es la comunidad de miembros que practican juntos la meditación y un camino de vida pleno en armonía.

7

El planeta reside en tu plato

La naturaleza nos provee de todos los alimentos necesarios para nutrir el cuerpo y el espíritu y transitar por la senda de la vida. A pesar de la gran disponibilidad de alimentos y posibilidades que la madre Tierra pone a nuestro abasto, vivimos y consumimos de tal forma que no somos conscientes del enorme trabajo y condiciones que a cada segundo se están llevando a cabo para nuestro propio beneficio y felicidad. Esta meditación está basada en las cinco contemplaciones que Thich Nhat Hanh creó para venerar nuestro plato y alimentos antes de comer, y agradecer la diversidad de condiciones que sustentan nuestro cuerpo, mente y conciencia. La meditación nos coloca ante la realidad del espectáculo de colores que se revela en nuestro plato. Observamos atentamente y comemos con comprensión y compasión para celebrar el milagro de la vida. Cada bocado es una joya del universo que impulsa nuestro proceso de continuación. Cuando comemos sin prestar atención, nos perdemos la diversidad de semillas que el cosmos está plantando en nuestro cuerpo y conciencia. Al comer con plena consciencia tu fusión con el cosmos se hace eterna y el amor de la madre tierra, de la lluvia y del sol te bendicen en cada bocado. Cada plato es un minúsculo universo que hace camino a través de tu boca.

Al inspirar, me nutro del alimento de mi inspiración.
Al espirar, me nutro del alimento de mi espiración.
Nutriéndome del alimento de mi inspiración,
nutriéndome del alimento de mi espiración.

A cada inspiración te nutres del aire que alimenta tu cuerpo. Eres consciente del alimento del aire que pasa por tus fosas nasales. No hay alimento más renovador que el aire fluyendo por todo tu cuerpo cuando eres consciente del proceso de nutrición que tu inspiración y espiración generan en el universo de tus células. La respiración es el alimento más esencial que da vida a nuestro cuerpo y que nos conecta con el cosmos.

Al inspirar, mi comida es fruto de la tierra, del cielo,
de la lluvia y del sol.
Al espirar, agradezco el regalo de innumerables
seres y condiciones.
Mi comida es fruto del universo,
agradeciendo el regalo de innumerables seres y condiciones.

Una gran diversidad de condiciones se ha manifestado ante ti para disfrutar de tu plato de comida. La tierra, las nubes, el agua de la lluvia y el sol son solamente algunas de las condiciones que se han dado cita en el corazón de tu plato. Si miras atentamente, te darás cuenta de que, con solo la ausencia de uno de estos elementos, tu plato de comida no estaría ante ti. Por tanto, es un milagro que estas condiciones maravillosas se hayan reunido para lograr tan nutritivo sustento. Parece algo obvio, pero nuestra falta de atención induce a que perdamos el contacto con la belleza y el milagro de la vida desplegándose a cada segundo de nuestra existencia. El maestro Thich Nhat Hanh nos enseña que nuestra naturaleza es la del interser. Al igual que nuestro plato de comida, no tenemos una existencia separada. Numerosas condiciones se han revelado para mostrar tus bellas cualidades al mundo. Son tantas y tantas las causas y condiciones que han dado forma a tu cuerpo que no podemos más que estar eternamente agradecidos por el milagro de nuestra manifestación.

Al inspirar, soy consciente de la belleza del paisaje
de colores en mi plato.
Al espirar, disfruto de cada bocado
con dignidad y reverencia.
La belleza del paisaje en mi plato,
disfrutando con dignidad y reverencia.

Frente a la mesa, contemplas con atención el paisaje colorido de tu plato de comida. Un bosque de colores humeante cobra vida ante ti y con su voz silenciosa te revela sus secretos más llamativos. Te revela la diversidad de colores de la naturaleza, las texturas y sabores más dispares y sabrosos, las formas más creativas que jamás puedas imaginar, y el duro trabajo de tantos y tantos seres que han sembrado su semilla de trabajo y constancia para que tu existencia sea un regalo para el mundo. Cuando despertamos a la realidad que contiene el plato de comida sobre la mesa, ya nunca más podremos ocultar la sencilla revelación que tu plato te muestra.

Disfrutas de cada bocado con dignidad y reverencia, pues agradeces la bondad del universo que te brinda tan preciado alimento. La vida ajetreada y la falta de atención fomentan nuestra ausencia de conciencia para valorar los placeres y bendiciones del universo. Pero si despertamos a la virtud de la admiración, cada bocado se vuelve un acto digno de reverencia por el sacrificio amoroso de tantos seres y condiciones.

Al inspirar, con cada bocado nutro las semillas
de compasión en mi cuerpo, mente y conciencia.
Al espirar, me dispongo a comer con moderación
y plena consciencia.
Nutriendo las semillas de compasión con cada bocado,
dispuesto a comer con moderación
y plena consciencia.

Cuando comes con atención la compasión surge en ti. Es tan simple como ofrecerte el tiempo y el espacio para despertar tu presencia y sentir cada bocado como un verdadero milagro. Tal vez puedes cerrar tus ojos y, de esta manera, penetrar en la esencia de cada sabor. Al acariciar la comida con tu lengua y paladar, un latido cálido brota de tu corazón y tu atención agradecida es una veneración amable hacia el alimento que saboreas. Cuando comes con moderación y lentitud, el acto de masticar deviene una meditación de reverencia hacia el alimento. No hay mayor muestra de respeto y devoción que despertar tu verdadera presencia en cada bocado que acaricias con el suave palpitar de tu corazón.

Al inspirar, soy consciente de mi hábito
en el modo de alimentarme.
Al espirar, observo profundamente las consecuencias
para mi salud en la elección de mi sustento.
Consciente de mi hábito en el modo de alimentarme,
observando profundamente las consecuencias
para mi salud.

Nuestra vida ajetreada genera la prisa y el estrés, que provocan a su vez que el ansia y la avidez germinen en nuestra mente consciente. Las energías desmesuradas desequilibran nuestra serenidad y voluntad consciente. Por ello observamos atentamente las sensaciones que sentimos cuando las energías más efusivas que crean el hábito se presentan para desmoronar nuestra sensatez y confianza. Asimismo, reconocemos las consecuencias en nuestra conducta alimentaria cuando nos dejamos llevar por ese hábito. Reconocemos la energía desaforada y nos permitimos sentirla y comprenderla. En el trasfondo de la energía que genera el hábito se oculta una gran sabiduría que se te está revelando. Tal vez desees escucharla profundamente y el mensaje que tus hábitos conllevan te ayude a canalizar su necesidad hacia otra vía más saludable que no altere tu compromiso de alimentarte y consumir conscientemente. Si entrenamos nuestra diligencia y voluntad consciente a la hora de reconocer las energías que generan los hábitos más apremiantes, lograremos cultivar un hábito alimentario saludable y compasivo en nuestro cuerpo y en el cuerpo colectivo del planeta.

Al inspirar, consumo de forma responsable para causar
el mínimo daño a los seres vivos y al planeta.
Al espirar, observo profundamente las consecuencias
para el planeta en la elección de mi sustento.
Consumiendo de forma responsable para causar
el mínimo daño,
observando profundamente las consecuencias
para el planeta.

Cuando tu compasión está despierta, de igual manera que la madre naturaleza te aporta los nutrientes más saludables para tu bienestar y supervivencia, también tú deseas cuidar del medio ambiente a cambio del amor y gratitud que recibes. ¿Qué necesidad hay de consumir más? La plena consciencia en la elección de tu sustento riega las semillas de respeto y compasión en tu conciencia. Consumir de forma responsable nutre tu felicidad y compromiso y todo alrededor brilla con más luz. Comer se vuelve un acto comprometido para preservar el maravilloso planeta que nos protege y nos ampara. Cada elección consciente, por mínima que sea, en tu manera de consumir es una semilla bondadosa y responsable que siembras en el mundo que nos abraza en su propia piel. Asimismo, el exceso y la avaricia nublan tu conciencia y generan malestar y desequilibrio en el ecosistema. Todos los seres vivos merecen vivir con dignidad, y en nuestra mano está la protección de nuestro planeta para que las generaciones futuras también disfruten de él. Somos aves de paso por este planeta generoso que nos acoge incondicionalmente y nos acuna en su abundante regazo.

Al inspirar, me acojo a una dieta saludable y compasiva
para nutrir mi práctica y vocación de servicio.
Al espirar, soy consciente de que mi propia felicidad
depende de la felicidad del planeta.
Nutriendo mi vocación con una dieta saludable y compasiva,
mi propia felicidad depende de la felicidad del planeta.

Cuando te acoges a una dieta saludable y compasiva, tu práctica es más nutritiva y tu ideal de servicio brilla como un sol majestuoso. Tu dieta responsable es la semilla nutritiva que hace germinar tus pensamientos, palabras y actos de amor y servicio responsable en el mundo. Las propiedades y calidad del alimento que ingerimos son la base de la calidad de las energías con las que actuamos día a día. Nuestras elecciones diarias son la esencia del resultado de nuestras acciones. Cuidar de nuestro cuerpo, mente y conciencia es asimismo cuidar de nuestra madre Tierra. Nosotros estamos hechos de ella, y ella está hecha de nosotros. Al elegir una dieta nutritiva y compasiva para el planeta, también nuestras familias y comunidades se beneficiarán de los privilegios y bondades de la madre Tierra. Si juntos, como especie, desarrollamos nuestra comprensión y compasión, alcanzaremos un mundo más justo, ético y feliz. Cada célula de nuestro cuerpo contiene el universo entero.

8

Despertando tus conciencias sensoriales

Gracias a los órganos sensoriales (ojos, nariz, lengua, oídos y piel), percibimos y disfrutamos con plena consciencia del escenario de elementos refrescantes que forman parte de nuestro paisaje ambiental. Cuando despertamos la plena consciencia en nuestra vida diaria y entramos en contacto, de manera intencionada, con fenómenos nutritivos que nos envuelven, regamos semillas arraigadas en el fondo de la mente para nuestro beneficio y transformación. Estamos rodeados de elementos maravillosos a cada paso que damos. Si enfocamos nuestra atención consciente en estos objetos de manera directa, estos pueden apoyar nuestro despertar interior gracias a la comprensión de su auténtica naturaleza y su energía sanadora, que impregna nuestro cuerpo, mente y espíritu. Un continuado entrenamiento de nuestra mente nos guía en el camino correcto para ser felices y despertar nuestra belleza más profunda.

Al inspirar, la energía de la plena consciencia está en mí.
Al espirar, la energía de la concentración está en mí.
Energía de la plena consciencia en mí,
energía de la concentración en mí.

A cada inhalación despiertas tu plena consciencia. Simplemente enfocas tu atención consciente con cada inspiración y de forma progresiva te notarás más plenamente en el presente.

Cuando centras la atención en tu respiración consciente, alcanzas un estado de concentración más sólido. Notas que tu enfoque se va agudizando y puedes mantener la atención con más energía y menos dispersión.

Al inspirar, soy consciente de mis dos ojos.
Al espirar, estoy en contacto con el esplendor de un amanecer.
Consciente de mis dos ojos,
en contacto con el esplendor de un amanecer.

Gracias a tus ojos puedes ver y apreciar las maravillas que te rodean. Con ellos contemplas la sonrisa de las personas que amas, te deleitas en la diversidad de colores que la naturaleza ofrece, o miras profundamente la belleza de una hermosa flor. Tus ojos te ponen en contacto con la vida que te rodea. En tu meditación adviertes cómo tus ojos sonríen alegres por poder ver y maravillarse ante tanta belleza. Cuando tus ojos están felices, brillan como un sol y son amables.

Enfocas tu atención en la imagen de un amanecer radiante. Cuando usamos las imágenes con plena consciencia, y centramos la atención en ellas, nos proporcionan estados muy beneficiosos para nuestra transformación y sanación. De esta manera, visualizamos un amanecer precioso y nos deleitamos en su hermosura. Somos conscientes de la suerte de tener dos ojos sanos que contemplan el esplendor de un amanecer. Nuestros ojos reflejan la luz del sol.

Al inspirar, soy consciente de mi nariz.
Al espirar, estoy en contacto con el olor de la tierra mojada después de la lluvia.
Consciente de mi nariz,
en contacto con el olor de la tierra mojada después de la lluvia.

Notas tu respiración consciente y sientes el aire, fluyendo a través de tu nariz, que te conecta con la vida. El aire te renueva por dentro y la vida entra por tus fosas nasales e impregna todo tu cuerpo de vida. Tú eres la vida. El olor que te envuelve se adentra suavemente por tu nariz y agradeces la conexión profunda con la existencia. El aire está hecho de ti, y tú estás hecho del aire. Tú y el aire intersois.

Enfocas tu atención consciente en el olor tan peculiar de la tierra mojada después de una tormenta de verano y notas cómo todo tu cuerpo se impregna de este olor. El olor a tierra penetra profundamente en ti, a través de tu nariz, y descubres que estás hecho de tierra, igual que la tierra está hecha de ti.

Al inspirar, soy consciente de mi lengua.
Al espirar, estoy en contacto con el jugo de una mandarina en mi boca.
Consciente de mi lengua,
en contacto con el jugo de una mandarina en mi boca.

Con tu lengua saboreas los alimentos que te proporcionan los nutrientes para que tu cuerpo esté sano. Gracias a tu lengua, a tus dientes, a tu boca, te alimentas de los frutos de la tierra que te regala el cosmos.

Saboreas el dulce jugo de una mandarina, y lo sientes descender por tu cuerpo, acariciando el esófago, estómago y aparato digestivo. Disfrutas plenamente de este momento en contacto con la mandarina. Notas la textura, el dulzor, y cómo te hace sentir. Toda tu atención está concentrada en el jugo, y esto te hace feliz.

Al inspirar, soy consciente de mis oídos.
Al espirar, estoy en contacto con el sonido de los grillos en la noche.

Consciente de mis oídos,
en contacto con el sonido de los grillos en la noche.

Con tus oídos escuchas el canto de los pájaros o el susurro de la lluvia cayendo sobre la superficie del mar. Eres consciente de tus dos oídos y agradeces el trabajo duro que realizan cada día para ti. Al ser consciente de tus oídos, practicas la escucha profunda y compasiva con las personas que te rodean con objeto de estar más presente para ellas. Asimismo, también con tus oídos escuchas atentamente los sonidos de la naturaleza, que a cada instante te insinúan sus más sabios secretos sobre cómo vivir con abundancia y alegría. Es un gozo despertar al sentido del oído y activar la consciencia plena en cada clamor o en cada palabra.

Si alguna vez te has quedado absorto contemplando la inmensidad de una noche de verano, posiblemente hayas escuchado el canto incesante de los grillos que altera el inamovible silencio nocturno. Si los escuchas en un estado de plena consciencia, serenarán tus pensamientos y su canto te transportará a una insondable profundidad.

Al inspirar, soy consciente de mi cuerpo.
Al espirar, estoy en contacto con el abrazo cariñoso
de un ser querido.
Consciente de mi cuerpo,
en contacto con el abrazo cariñoso de un ser querido.

Tu cuerpo es un milagro de la naturaleza. Si escuchas a tu cuerpo con los oídos del corazón, te murmurará qué le hace sentir bien o mal en este imparable viaje de la vida. Abrirnos plenamente a las sensaciones del cuerpo es una de las tareas más amables de la plena consciencia para regular nuestras emociones, tomar las decisiones más adecuadas y nutrir nuestro bienestar. Cuidando de nuestro cuerpo le hacemos saber que él es nuestro mejor amigo y acompañante incondicional de vida. Cuando el cuerpo está receptivo, tu atención plena se expande a través de él, y tu cuerpo está feliz y agradecido por formar parte de tu viaje de vida.

Qué más bella forma de conectar con tu propio ser que a través de un abrazo amoroso a un ser querido. No existe manera más dulce de reencontrarse a uno mismo que a través del otro. Sentir el cuerpo del otro en un abrazo es un compartir amable en que la palabra queda pronunciada a través del lenguaje de la piel y del corazón. Cuando compartes un abrazo plenamente, extiendes tu amabilidad bondadosa y la ofreces al otro en un acto de generosidad y gratitud. No hay más bella entrega que un abrazo transmitido desde la calma y plena consciencia genuina del cuerpo.

Al inspirar, soy consciente de los elementos refrescantes
que hay a mi alrededor.
Al espirar, estoy en contacto con los elementos refrescantes
que hay en mí.
Consciente de los elementos refrescantes a mi alrededor,
consciente de los elementos refrescantes en mí.

La conciencia nos abre al milagro de la vida que está aquí y ahora. A cada segundo nos encontramos rodeados de belleza y de una gran ternura, como el brillo del sol penetrando en una flor, un niño absorto jugando con su pelota, alguien caminando por una calle con un paso firme y muy pacífico. Hay belleza por doquier si estamos presentes para ella. Cuando tocamos, de manera intencionada, nuestras semillas nutritivas en el fondo de nuestra conciencia, desplegamos todo nuestro potencial para percibir las maravillas de la vida. A la vez, las maravillas que nos envuelven, al enfocar nuestra atención en ellas, como jardineros diligentes, riegan nuestra mente profunda, para que en ella brote un jardín hermoso.

Gracias a las semillas beneficiosas que yacen en el fondo de tu mente, despiertas al milagro de la belleza que se extiende a tu alrededor. Tu interior y exterior están interconectados. Cuando contemplas una suave puesta de sol y sientes cómo tu ser brilla de luz, esta imagen riega tu mente para que sea más pura. Asimismo, cuando haces brotar las semillas refrescantes que albergas en el fondo de tu mente, todo florece a tu alrededor. Si te abres como una flor radiante ante el espectáculo esplendoroso que te rodea, sentirás que cada célula de tu cuerpo baila al son de la danza impermanente de la vida.

9

Contacto con las condiciones maravillosas

Cada día es una bendición que nos ofrece la vida para apreciar y saborear. No obstante, tendemos a enfocar nuestra mirada en lo que va mal, y, así, entramos en contacto con lo que nos crea desconcierto, por lo que acabamos sintiéndonos mal y malgastando nuestra energía. Existe otra vía más sanadora para nuestra vida, que es alimentar la voluntad plena de estar en contacto con los elementos nutritivos que nos envuelven diariamente de manera intencionada. Es una práctica que requiere de un entrenamiento diligente y voluntarioso. Cuando ponemos atención y concentración plena en aquellos elementos maravillosos que están aquí y ahora manifestándose para nosotros, entrenamos nuestra voluntad, atención y alegría. Siempre, a cada instante, hay razones para sentir alegría. La mente está demasiado acostumbrada a enfocarse en lo dañino, adentrándose en un laberinto sin salida, creyendo equivocadamente que encontrará un escape. Pero sabemos bastante bien que esta no es la manera de funcionar.

Acabamos malgastando la energía y atrayendo a nuestro lado la infelicidad y el malestar. Por ello precisamos de un entrenamiento que nos conduzca en la dirección de las condiciones favorables que están a nuestro alcance. Aspirar la energía de estos elementos sana nuestra mente, cuerpo y espíritu. La vida es un milagro, hemos de enfocar nuestra atención en desarrollar la consciencia plena y nutrirnos de sus beneficios. Disponemos de numerosas condiciones para sanar y experimentar felicidad.

Al inspirar, estoy en contacto con los primeros rayos
del sol en la mañana.
Al espirar, me siento en calma.
En contacto con los primeros rayos del sol en la mañana,
en calma.

Qué mejor manera de comenzar el día que sintiendo cómo los rayos del sol acarician tu espíritu, tu cuerpo y tu conciencia. Con cada inspiración recibes la sabiduría y calidez de los rayos del sol y agradeces el baño cálido al que cada día te expones, y te regala la vida. El simple contacto con los rayos del sol te aporta alegría, belleza y agradecimiento. Sin la energía del sol no podrías existir, ni tampoco existirían los animales, ni las plantas, de las que nos abastecemos. Contactar con los rayos del sol es una ofrenda del universo.

La luz del sol te aporta calidez, dulzura y relax. Confías en la sabiduría de los rayos del sol, que están ahí extendiéndose compasivamente hacia cada ser del universo incondicional-mente. Al abrirnos a su calidez, calmamos las tensiones en el cuerpo y sosegamos las formaciones mentales difíciles. El simple reconocimiento de la luz del sol calma nuestra ansia, y nos sintoniza con uno de los regalos del universo en el que podemos tomar refugio y abrir el camino hacia la sanación.

> Al inspirar, estoy en contacto con el canto de los pájaros
> en un cielo abierto.
> Al espirar, me siento alegre.
> En contacto con el canto de los pájaros en un cielo abierto,
> alegre.

El canto de los pájaros es un elemento maravilloso en el que refugiar nuestro cuerpo, mente y espíritu. Cuando escuchamos el sonido esplendoroso de los pájaros, tenemos la oportunidad de despertar al milagro del aquí y el ahora, que solamente tiene cabida en el momento presente. A menudo estamos absortos en pensamientos sobre el pasado o el futuro, y el canto de los pájaros se convierte en nuestra campana de plena consciencia que nos devuelve a la realidad del momento presente con re-verencia. Sentimos que el sonido de la campana viaja con no-sotros en cada instante si escuchamos con majestuosidad el bello canto de los pájaros. Es un simple y precioso recorda-torio para entrar en contacto con la vida, y contagiarnos de la alegría ceremonial de los pájaros. Tan solo hemos de abrir los sentidos y dejarnos mecer por su candor para despertar al aquí y al ahora. Si los pájaros están alegres, ¿por qué no celebrar con ellos y dejarse acariciar por su canto? Su canto nos transmite la alegría de estar vivos y, así, entramos en contacto con el nuevo día que se nos brinda. El canto de los pájaros nos inspira a celebrar nuestro despertar interior.

Al inspirar, estoy en contacto con la brisa del aire
refrescando mi cara.
Al espirar, me siento renovado.
En contacto con la brisa del aire refrescando mi cara,
renovado.

La brisa del aire es un elemento a incorporar en nuestra meditación guiada. Contactando con el aire suave en la cara, sentimos su frescor. El frescor nos reconforta y nos aporta vigor y alegría. Asimismo, percibimos una sensación de espacio y libertad. Nos dejamos acariciar por su delicadeza, relajando el cuerpo y las percepciones mentales. Sentir el aire nos incita a contactar con la vida que nos envuelve en el momento presente. De este modo nos refugiamos en el aire que irradia libremente su bondad. Nos rendimos ante la brisa y nos inspiramos en su mensaje para irradiar sabiduría en todas las direcciones, aportando nuestras cualidades y belleza abiertamente. El aire en nuestra cara es un ligero recordatorio para devolvernos al aquí y al ahora.

Hay frescura y vigor en ti para vivir el día con plena consciencia y alegría. Dejas atrás y sueltas todo lo que no te permite vivir en el ahora. La brisa del aire te renueva por dentro y te ofrece la ocasión de comenzar de nuevo plenamente con frescura y devoción. Las condiciones maravillosas que te rodean activan el poder de renovarte a cada instante.

Al inspirar, estoy en contacto con una fruta sabrosa
en mi boca.
Al espirar, me siento nutrido.
En contacto con una fruta sabrosa en mi boca,
nutrido.

Centras tu atención en la explosión de una fruta bañando de sabor tu paladar. La saboreas, y notas como todo el jugo fluye por el interior de tu cuerpo. Enfocar la atención consciente en el alimento es una manera de concentrar tu mente y tomar consciencia de los beneficios que esta te aporta. Damos gracias por el noble trabajo de la naturaleza y las numerosas condiciones que han hecho que hoy podamos nutrirnos a merced de esta fruta sabrosa.

Con gratitud te unes en espíritu a la tierra por ofrecerte el alimento que nutre tu cuerpo, mente y espíritu. Al saborear la fruta, agradeces todos los regalos que, instante a instante, la madre Tierra te aporta para vivir saludablemente y realizar tu camino noble de vida. Asimismo, te entregas en cuerpo y alma a comer conscientemente, nutriendo de esta manera tu conciencia de amor y compasión hacia ti misma y el planeta.

Al inspirar, estoy en contacto con la tierra que abraza
mis pies a cada paso.
Al espirar, me siento sólido.
En contacto con la tierra que abraza mis pies a cada paso,
sólido.

La tierra te abraza continuamente como una madre tierna que sostiene tu vida en su abierta superficie. Al caminar en plena consciencia, contactas con la sensación de la planta de los pies posándose sobre la tierra en cada paso que das sobre ella. Esta imagen nos evoca la plena presencia en el ahora, disfrutando de sentirnos abrazados por la madre Tierra en cada instante del recorrido de la vida. Si aparcamos los pensamientos errantes a un lado y caminamos entregados y confiados a la tierra, abriéndonos a nuestra respiración consciente, recibiremos su apoyo incondicional y su bendición.

Cada paso ofrecido a la tierra con plena consciencia nos aporta solidez, vigor y armonía. Cada paso ofrecido a la tierra con amor, siembra semillas de solidez en nuestra conciencia, que fructificarán proporcionándonos un mayor enraizamiento en nuestra práctica. Si estamos atentos a cada paso, la tierra, instante a instante, nos invita a que confiemos en ella, a que le abramos el corazón y la compasión, y le entreguemos nuestra ignorancia, percepciones nocivas y tensiones. Ella, a cambio, con la firmeza de su transmisión, a cada paso que demos, sanará nuestra mente y nos aportará alegría.

Al inspirar, estoy en contacto con un cielo estrellado
en la noche.
Al espirar, me siento sereno.
En contacto con un cielo estrellado en la noche,
sereno.

El silencio de la noche en la inmensidad de un cielo cubierto de estrellas es un escenario que nos invita a regar semillas de calma y plenitud en nuestra mente. Si miramos a lo alto en un lugar tranquilo y nos quedamos unos instantes inmersos en la majestuosidad de un cielo estrellado, traeremos mucho sosiego a nuestra mente. Estamos rodeados de una gran diversidad de factores para el despertar. Nos envuelven condiciones maravillosas de alegría y plenitud que, si somos hábiles en reconocerlas y enfocamos nuestra concentración plena en ellas, nos están guiando silenciosamente en nuestro camino de despertar nuestra presencia y bondad genuina.

La contemplación atenta de un cielo estrellado te insta a la serenidad en tu interior y a trascender tu condicionamiento más básico. Desde nuestra pequeñez sintonizamos con nuestra amplitud eterna y sentimos que el escenario nocturno refleja en nuestro interior la infinita capacidad de espaciosidad y compasión que abarca nuestro estado de presencia. Un estado de serenidad y vacío nos es transmitido a cada instante por el cielo nocturno, que está presente para nosotros si despertamos en cada respiración a su magnitud.

Al inspirar, el día contiene condiciones maravillosas
para vivir despierto.
Al espirar, hay belleza en cada instante.
En contacto con las condiciones maravillosas para vivir despierto,
belleza en cada instante.

El recorrido de la meditación guiada nos lleva hacia la contemplación profunda de los elementos nutritivos que están a nuestra disposición por el simple hecho de existir. En todos nosotros existe la habilidad de entrenar la mente para sintonizar con las maravillas que ya están ahí, a nuestro alcance, acompañando nuestro transitar, y que nos proporcionan bienestar, plenitud y salud. No hay que correr demasiado para celebrar el milagro de estar despierto en cada instante si somos capaces de respirar conscientemente mientras enfocamos nuestra atención en aquellos elementos nutritivos que nos están apoyando silenciosamente a lo largo de nuestro camino de vida. Como nos dice el maestro Thich Nhat Hanh: «el reino es ahora o nunca».

Existen infinitas razones para vivir con alegría y felicidad en el momento presente si despertamos a las condiciones maravillosas que nos rodean. Somos conscientes de que el sufrimiento existe. Pero, asimismo, la belleza que tenemos a nuestro alrededor nos brinda la oportunidad de abrirnos suavemente y conectar con los elementos refrescantes que riegan la semilla de belleza que hay en nuestra mente. Cuando ejercemos la voluntad plena de entrenar nuestra mente en una dirección sana y bella, sentimos que la vida alrededor nuestro nos brinda las condiciones favorables para vivir agradecidos por ser quienes somos en compañía de los demás seres vivos del planeta.

10

Condiciones maravillosas en el día de hoy

Cada día es una nueva oportunidad que la vida nos brinda para estar en contacto y experimentar el abrirnos plenamente a la riqueza del momento presente. Los días transcurren, uno tras otro, sin percatarnos de los prodigios que existen en nuestro interior y alrededor de nosotros. Tú puedes ser feliz, expresar tu diamante interior y experimentar alegría. Esta meditación te orienta a ser consciente y enfocar tu atención en las experiencias agradables que han tenido lugar en el día de hoy, y cómo estas pueden expandirse en tu cuerpo, mente y conciencia. No requerimos de hechos extraordinarios para experimentar la alegría de ser felices. Cualquier día de nuestra vida es suficiente para experimentar la belleza incalculable que está a nuestro alcance en cada instante y apreciarla en su magnitud. Cuando despertamos a la plena consciencia, se abren ante nosotros suficientes condiciones maravillosas en nuestro interior y a nuestro alrededor para agradecer y vivir con reverencia.

El simple hecho de sentir los rayos del sol tocando tu piel, escuchar el leve sonido de la lluvia, apreciar la alegría de estar vivo o contemplar la sonrisa de un niño son muestras simples y hermosas que podemos evocar y hacerlas brotar en nuestra conciencia para experimentarlas en todo su esplendor. Cada día es único e irrepetible.

La mente está muy bien entrenada para enfocarse en sucesos negativos, en vez de disfrutar de la variedad de experiencias maravillosas que se manifiestan constantemente en nuestro interior y en el mundo que nos envuelve. Si despertamos al momento presente y manifestamos en nuestra conciencia los elementos maravillosos que brotan a cada paso que damos, en el día de hoy, evidenciaremos la verdadera realidad de que la vida es un milagro, y que en todos nosotros hay condiciones suficientes para ser felices aquí y ahora. Mira a tu alrededor ahora mismo, quédate en silencio y contempla. ¿De cuántas cosas te sientes agradecido? Siente tu corazón, tu cuerpo y tu mente irradiando alegría y gratitud.

Al inspirar, soy consciente del día de hoy.
Al espirar, me abro a las sensaciones que genera el día de hoy
en mi cuerpo.
Consciente del día de hoy,
sensaciones en mi cuerpo.

Déjate sentir el día de hoy en tu cuerpo, penetrando por todos los poros de tu piel. Escucha las sensaciones que se despiertan al ser consciente de que hoy es un día simplemente único, una maravillosa oportunidad para expandir la verdad de tu ser y ser plenamente tú. No es necesario que te identifiques con algún hecho específico que haya tenido lugar en este día. Sencillamente quédate en silencio dejándote mecer por las sensaciones que suscita el día de hoy en tu cuerpo. Centras tu atención en diversas zonas de él sin quedarte fijado en una zona en particular. Déjate sentir y ábrete a la sensación. Tal vez un cúmulo de sensaciones de diferente textura, que no son ni del todo agradables ni desagradables, afloren en ti. Vive el día de hoy recorriéndote la piel.

Al inspirar, soy consciente de una experiencia agradable
que haya tenido lugar en el día de hoy.
Al espirar, me siento agradecido.
Experiencia agradable en el día de hoy,
agradecido.

Ahora enfocas tu atención en una experiencia agradable que haya tenido lugar en el día de hoy. No es necesario que sea algo exclusivo. Cuando te abres a los elementos maravillosos que cobran presencia en el día de hoy, los milagros te rodean por todas partes y cualquier hecho se convierte en extraordinario. En este momento, escribiendo en la penumbra, un rayo de sol ilumina mi mano, así como las palabras que van sucediéndose una tras otra en la pantalla del ordenador. Sé que

este instante es bello e insólito; y mi mano recibe la calidez
y el brillo del sol mientras mis dedos golpean las teclas del
ordenador una tras otra. Siento cómo brota la calidez de la luz
del sol en mi pecho y me digno a celebrar este momento único
e irrepetible. Me invadirá apenas un leve instante, pero, aun
así, permito que la calidez de lo sencillamente extraordinario
penetre por todos los poros de mi piel. Me siento agradecida.

Al inspirar, conecto con la emoción de esa experiencia
agradable en mi corazón.
Al espirar, extiendo la emoción agradable por todo
mi cuerpo y a mi alrededor.
Emoción agradable en mi corazón,
extendiéndola por todo mi cuerpo y a mi alrededor.

Conectas con la zona del corazón y dejas que la emoción agradable se abra espacio en esa parte de tu cuerpo. Tu corazón
goza de alegría y agradecimiento por la belleza que brota de
tu ser. Cuando la emoción está bien enraizada en tu corazón,
la extiendes por todo tu cuerpo: pecho, brazos, manos, dedos,
piernas, pies, dedos de los pies, abdomen, espalda, hombros,
cuello, cara, cabeza, etc. En todo tu cuerpo aflora la emoción
agradable y, así, extiendes esa energía mucho más allá, tras-
pasando las fronteras de tu cuerpo, en las cuatro direcciones:
hacia el norte de tu cuerpo, hacia el este, hacia el oeste y hacia
el sur de tu cuerpo. La experiencia agradable penetra profun-

damente por todos los poros de tu piel y, a la vez, la compartes con generosidad con todo el universo que te envuelve.

Al inspirar, me abro a las condiciones maravillosas
que hay en mi interior.
Al espirar, me abro a las condiciones maravillosas
que hay a mi alrededor.
Condiciones maravillosas en mi interior,
condiciones maravillosas a mi alrededor.

La paz está en tu interior y también a tu alrededor. Tu verdadera identidad emerge cuando respiras en plena consciencia y manifiestas el silencio y la paz que desprende tu cuerpo, mente y conciencia. Al enfocarte en una experiencia agradable, esta estimula las condiciones bellas en tu interior. También sucede lo contrario. Al abrirte a las condiciones maravillosas que residen en tu interior, todo lo que te rodea exhibe su belleza y divinidad. Hay condiciones bellas a tu alrededor que están apoyando tu comprensión, alegría y felicidad. A cada momento del día puedes activar la confianza plena en las condiciones existentes de paz y felicidad que ya están en ti y en todo lo que te envuelve.

Al inspirar, hoy es un día único e irrepetible.
Al espirar, la plena consciencia está en mi interior
y a mi alrededor.

Día único e irrepetible,
la plena consciencia en mi interior y a mi alrededor.

Este día nunca más volverá. El día de hoy es un regalo que la vida te trae solo si estás despierto al milagro de estar plenamente vivo. Hoy es el único día posible durante el día de hoy. Hoy es una oportunidad extraordinaria para desplegar la verdadera bendición de tu ser. Cuando te haces consciente del poder de la plena consciencia en cada momento del día, las condiciones favorables afloran para apoyarte en tu propio camino de presencia. Si estás realmente presente, lograrás despertar al regalo que la vida te entrega cada día, que es vivir la maravillosa experiencia del día de hoy en su plenitud. Si estás realmente presente, lograrás que el corazón del cosmos palpite en tu pecho y las condiciones maravillosas a tu alrededor emerjan de su estado de letargo. El hogar de tu presencia es el refugio del universo entero.

11

Celebrando las condiciones favorables

Existen innumerables condiciones favorables que, a cada momento de nuestra vida, están apoyando nuestro despertar y continuación. Tendemos erróneamente a creernos entidades separadas del resto de condiciones del universo, pero cuando atendemos al espacio de silencio que brilla más allá de nuestras percepciones habituales, y miramos profundamente en nuestro interior y en las maravillas que nos rodean, descubrimos la verdad más genuina, y es que no recorremos este camino de vida en solitario. A cada paso que plantamos en la tierra y en nuestro corazón, caminan con nosotros infinitas condiciones que nos transmiten y revelan el camino correcto a seguir. En esta meditación guiada ahondamos en una sucesión de condiciones favorables en las que, al sumergirnos, despertamos nuestra visión profunda. Las reconocemos, nos impregnamos de su energía colectiva y celebramos que no caminamos solos. A nuestro lado, infinitas comunidades amorosas inspiran, con su bondad y pureza silenciosa, la más clara comprensión para nuestro noble transitar.

Al inspirar, invito a todas las células de mi cuerpo
a respirar conmigo en este instante.
Al espirar, celebro con gratitud la comunidad de células
de mi cuerpo.
Todas las células de mi cuerpo respirando conmigo,
celebrando con gratitud.

Cuando respiras conscientemente y reconoces la maravillosa labor que cada una de las células de tu cuerpo está realizando segundo a segundo para tu supervivencia y continuación, no puedes más que agradecer las condiciones saludables que habitan en tu cuerpo y que te proporcionan estabilidad, bienestar y armonía. Cada inhalación es una celebración agradecida que transmites a tus células cuando el aire entra en tu interior. A cada inspiración invitas a tus células a inspirar contigo para alimentarse de las condiciones nutritivas de todo el cosmos, que fluyen a través del río de tu cuerpo, para su salud y bienestar. Si te detienes por un momento y vuelves a la paz de tu propio hogar, apreciarás el milagro que acontece en tu cuerpo a cada instante que permites que el aire entre y acaricie cada célula con su pureza y sabiduría plena. Infinitas corrientes de sabiduría viajan a través del aire que respiras por el caudal del río de tu cuerpo. Cada inspiración es un acto de gratitud cuando despiertas del olvido y te abres a la energía de la transmisión que circula por todo tu cuerpo.

Al inspirar, invito a todos los elementos refrescantes
de la naturaleza (la brisa, el perfume de los pinos, la lluvia,
el canto de los pájaros) a brillar en mi corazón.
Al espirar, celebro con gratitud
la comunidad de elementos refrescantes de la naturaleza.
Los elementos refrescantes de la naturaleza
brillando en mi corazón,
celebrando con gratitud.

Nos rodean incalculables elementos refrescantes que sustentan nuestra aspiración profunda de caminar con un corazón abierto y bondadoso. El canto de los pájaros, un rayo de sol que se cuela por la ventana iluminando tu cara, el eco del mar bramando en la mañana o el verdor de los pinos despuntando a lo lejos son fenómenos que embriagan nuestro corazón y lo despiertan de la nebulosa del olvido. Cuando nos hacemos conscientes de los elementos de la naturaleza que realizan su verdadera vocación de manera incondicional y bendicen nuestro camino aportándonos alimentos para nuestro sustento y medio de vida, nos rendimos con alegría y devoción. Al inspirar, nos abrimos a las maravillas de la vida, que refrescan nuestra visión y reflejan la pureza y semillas renovadoras que se expanden en el corazón. La comunidad de elementos refrescantes de la naturaleza son el sonido de la campana que a cada segundo de nuestra vida nos invita a volver a la calidez de nuestro verdadero hogar en el corazón. Cada testimonio de la naturaleza desplegada en ella misma es una invitación a celebrar el milagro de nuestro noble sendero.

Al inspirar, invito a la sabiduría de todos mis seres queridos
(del pasado, del presente y del futuro)
a irradiar paz conmigo.
Al espirar, celebro con gratitud
la sabiduría de la comunidad de mis seres queridos.
La sabiduría de mis seres queridos irradiando paz conmigo,
celebrando con gratitud.

La comunidad de tus seres queridos camina de tu mano aportándote sabiduría y paz a cada paso que das a través de la esencia de su transmisión, generación tras generación, en cada uno de los sellos impregnados en la tierra y en la multitud de acciones de amor desprendidas a través de tus abuelos, de tus padres, de tus hijos (seres del pasado, del presente y del futuro). Todos ellos seres que ofrecieron lo más preciado para que el río de tu vida continuara a través de la suya, en una incesante manifestación de olas luminosas desplegadas y abiertas al vacío, ofreciéndose, generosas, en su propio navegar. Ellos siguen contigo, en la esencia sublime de tus células, en tu brillante sonrisa y en cada paso irradiando sabiduría y paz. Tu celebración es su celebración; su celebración es tu celebración, y juntos camináis de la mano, en gratitud, en este viaje eterno hacia el vacío del corazón, en paz con cada paso.

Al inspirar, invito a la energía colectiva de todos mis
amigos espirituales a transformar mi comprensión.

Al espirar, celebro con gratitud la energía colectiva
de la comunidad de amigos espirituales.
La energía colectiva de mis amigos espirituales
transformando mi comprensión,
celebrando con gratitud.

La comunidad de amigos espirituales nos refleja el camino de transformación en nuestra piel y conciencia. Ellos son la lámpara que enciende nuestra fe y motivación amorosa. Cuando aspiramos la energía colectiva de los seres de luz que apoyan el camino de nuestro despertar, su energía, como una lluvia límpida, fluye a través de nosotros y riega la semilla, en la base de nuestra conciencia, plantada por generaciones y generaciones de aspirantes que imprimieron su estela en la cueva fresca de nuestro camino de amor y de luz. Cada gota de agua vertida por nuestros queridos seres espirituales en la semilla de nuestro despertar es una bendición que nos acompaña, transformando el barro y las aflicciones en semillas de compasión y comprensión. Durante la meditación, invitamos a nuestros amigos del camino para que juntos, como hermanos, hagamos florecer los frutos de la verdadera comprensión y el amor. Celebramos este caminar juntos, de corazón a corazón, agradecidos por el sendero de sanación compartido transformando obstáculos de nuestra mente y escollos en el camino.

Al inspirar, invito a la conciencia sanadora
de todo el cosmos a alumbrar mi visión.
Al espirar, celebro con gratitud la conciencia sanadora
de toda la comunidad del cosmos.
La conciencia sanadora de todo el cosmos
alumbrando mi visión,
celebrando con gratitud.

Alrededor de nosotros y en nuestro interior, la conciencia sanadora del cosmos está alumbrando el camino y la visión verdadera. Solo hemos de abrirnos a la ternura de un dulce amanecer,
al suave murmullo de un animalito abandonado en cualquier
calle o al sabor nutritivo de un albaricoque recién cogido, para
escuchar el susurrante silbido de la conciencia sanadora que nos
respalda y nos guía incondicionalmente en el sendero silencioso
de la comprensión y la compasión. Cualquier momento es apto
para confiar en la energía colectiva de este precioso cosmos que
nos abraza y que nos penetra hasta lo más hondo de nuestra
verdadera realidad. Al abrirnos y entregarnos en carne viva a
la madre naturaleza, la presencia susurrante del cosmos se nos
entrega en todo su esplendor y nos orienta hacia el camino de su
vibrante despertar en todo aquello que tocamos, miramos, ole-
mos, oímos y saboreamos con el sabio néctar de nuestra plena
consciencia. Cada instante es un momento único para celebrar
la presencia inabarcable de la conciencia sanadora que nos tras-
pasa a cada soplo de aire, y que expandimos como un regalo en
agradecimiento al planeta que nos lo ofrece todo.

Al inspirar, invito a todas las condiciones favorables
(a las células de mi cuerpo, a los elementos refrescantes
de la naturaleza, a mis seres queridos, a mis amigos
espirituales, a la conciencia sanadora de todo el cosmos)
a apoyarme en el sendero de mi despertar.
Al espirar, celebro con gratitud
todas las comunidades amorosas que me apoyan.
Todas las condiciones favorables apoyándome
en el sendero de mi despertar,
celebrando con gratitud.

Innumerables y maravillosas condiciones nos guían y nos protegen para nuestra felicidad y bienestar. Cuando estamos abiertos de par en par y resonamos en sintonía con la melodía del verdadero amor, las condiciones favorables se alzan para alumbrar nuestro transitar, y entonces el velo de nuestra ceguera cae y observamos la realidad tal cual es, en su verdadero esplendor. A cada espiración agradeces a todas las comunidades amorosas que te acompañan en el sendero de tu despertar: a las células de tu cuerpo, a los elementos refrescantes de la naturaleza, a tus seres queridos, a tus amigos espirituales, y a la conciencia sanadora de todo el cosmos. Todos te acompañan día y noche, incluso si tú no estás presente. Con una sola inspiración y espiración les acompañas y les apoyas en este suave sendero que ellos recorren, con sigilo y levedad, hacia tu verdadera morada donde se halla tu verdadero amor.

EL FLORECER DEL JARDÍN

12

Tu mente es un jardín

Esta meditación nos invita a profundizar en la contemplación de nuestra mente, fértil y abundante, como si de un jardín se tratara. El meditador se convierte en jardinero de su propia mente al reconocer, sembrar, abonar, regar y disfrutar de su campo de cultivo con dedicación y diligencia. Para el maestro zen Thich Nhat Hanh, somos jardineros de nuestra mente. De esta manera, observamos profundamente y cultivamos las simientes más nutritivas, para que, cuando estén maduras, ofrezcan flores preciosas y fragrantes. Un buen jardinero no desecha la materia orgánica de su jardín. Más bien, con mucho cuidado, la transformará en el compost que más tarde reutilizará como abono para nutrir una tierra fértil y vigorosa en la que crezcan preciosas flores. Asimismo, en el amplio campo de nuestra mente también se manifiestan formaciones mentales nocivas que se reflejan en sufrimiento y aflicciones.* Si

---

* Para profundizar en las enseñanzas del maestro zen Thich Nhat Hanh sobre

actuamos como jardineros diligentes, hemos de reconocer, observar profundamente, tocar fondo y cuidar con dedicación de nuestras contrariedades para comprenderlas mejor y dejar que se conviertan, a su debido tiempo, en el compost que abonará la tierra profunda de nuestra mente. De una tierra vigorosa y bien abonada, brotarán bellas flores en forma de semillas en nuestra conciencia, que se reflejarán en condiciones de vida más favorables y felices.

Esta meditación guiada nos sumerge en el vasto jardín de nuestra mente. Entramos en contacto con las bellezas que la madre Tierra nos aporta y nos convertimos en jardineros diligentes, dedicados a construir un camino de plenitud y gozo para nuestra felicidad y la de nuestros seres queridos.

Al inspirar, mi mente es un jardín de flores.
Al espirar, contemplo mi propio paisaje desde la distancia.
Mi mente, un jardín de flores;
contemplando mi propio paisaje desde la distancia.

Primeramente, volvemos a la calma de nuestra respiración consciente en el cuerpo. A medida que entramos en un estado más profundo de sosiego y nuestra mente se aquieta, ahondamos más en la meditación. Seguidamente, llevamos la aten-

---

el funcionamiento de la mente, véase su libro *Comprender nuestra mente* (*op. cit.*).

ción a nuestra mente y la contemplamos como un jardín de flores. Sentimos la frescura de las flores de nuestra mente y el viento dulce que mece las flores bajo un cielo azul. Tu mente es un espacio abierto y contemplas tu propio paisaje desde la distancia. Te maravillas en la contemplación de tu propia mente y agradeces el esplendor y la vastedad del espacio amplio que se te ofrece para tu felicidad. Tú eres el cuidador de tu mente y a cada momento de tu vida puedes asomarte a contemplar y reconocer todo lo que allí sucede. Cuando nos sentimos muy identificados y apegados a los contenidos de la mente, nos privamos de la libertad de ver las cosas con claridad y solemos quedarnos estancados en nuestras percepciones erróneas. En ocasiones es un acierto alejarse y examinar la majestuosidad de nuestro propio jardín para descubrir qué ha florecido, qué hay que podar, qué arrancar, qué regar un poco más, etc. Al distanciarte, te das la oportunidad de vislumbrar todos los ángulos sin discriminación alguna y ampliar la visión panorámica de toda tu mente en su conjunto. Así, tienes más espacio para dedicarte con mayor conocimiento de causa a ser un jardinero diligente de tu propio escenario mental.

Al inspirar, soy jardinero de mi propia mente.
Al espirar, mi vocación es mi aspiración profunda.
Jardinero de mi propia mente;
mi vocación, mi aspiración profunda.

Como jardinero de tu propia mente te adentras en un medio de vida ejemplar con el ánimo de reconocer, abrazar y cuidar de tu sufrimiento y de tu felicidad. Esta nueva vocación requiere de tu compromiso y aspiración profunda para transformar y sanar tu mente y condiciones de vida. En tu interior, hay un gran espacio de transformación y sanación, y tú puedes ahondar en el universo de tu propio jardín, que nadie conoce mejor que tú. Cuando traes tu mente a tu cuerpo y te sumerges en el sosiego de tu respiración consciente, hay más espaciosidad en ti para enfocar tu atención en todo lo que se manifiesta en tu jardín. Pero solemos vivir con mucha dispersión, y nuestra voluntad es vaga y poco entrenada. Andamos con tanta prisa que se nos olvida regar nuestro jardín, podar las ramas o simplemente admirar el espectáculo maravilloso de nuestra vida. Si no tenemos tiempo para pararnos, difícilmente podremos reconocer lo que sucede en nuestro interior y a nuestro alrededor. Necesitamos entrenarnos con firmeza en nuestra vocación profunda como jardineros ejemplares: identificar nuestras aflicciones, observarlas profundamente y abrazarlas con cariño; regar la gratitud y la alegría y sembrar semillas de esperanza y optimismo en los demás. Thich Nhat Hanh nos recuerda que los seres humanos somos flores en el jardín de la humanidad. Si te esmeras con voluntad amorosa en cultivar una mente atenta y pacífica, tu vida se convertirá en un jardín hermoso, reflejo de la belleza de tu mente.

Al inspirar, me paseo en plena consciencia
por el paisaje de mi mente.

Al espirar, planto semillas de paz a cada paso.
Paseando en plena consciencia por el paisaje de mi mente,
plantando semillas de paz a cada paso.

Cuando tu mente está calmada, eres consciente de lo que habita allí. Si te paseas en plena consciencia por el paisaje de tu mente, observarás con más atención algún matorral que despunta o una nueva semilla que germina con avidez. En este paseo consciente y sosegado contemplas las cosas tal como son, con aceptación. De esta forma, tenemos más sabiduría para discernir con claridad qué tipo de cuidados necesita nuestro jardín. Una labor clave es plantar semillas que aporten el vigor y la paz en el jardín de tu mente. Con un paso, plantas una semilla que haga sonreír a tu mente. Con otro paso, plantas una semilla que aporte alegría a tu jardín. Plantar semillas positivas es un buen entrenamiento para la labor de un jardinero diligente. Cuando enfocamos nuestra atención en plantar semillas sanas como la gratitud, la tolerancia, la alegría o la paz, estas no hacen más que crecer y fortalecerse y no hay espacio en nuestra mente para las malas hierbas. Así, con cada paso, nos comprometemos a plantar semillas fértiles ofrecidas a la tierra con plena consciencia y amor.

Al inspirar, riego las semillas con el agua clara de mi fuente.
Al espirar, mi jardín es fértil y fresco.
Regando las semillas con el agua clara de mi fuente;
mi jardín, fértil y fresco.

Cuando el jardín ya ha sido sembrado, debemos regarlo con dedicación. En el fondo de nuestra conciencia hay sembradas numerosas semillas beneficiosas, pero tendremos que esmerarnos y poner de nuestra parte para hacer que las bellas semillas germinen y resplandezcan en hermosas flores en nuestra mente consciente y a nuestro alrededor. Si no las regamos, no crecerán. No podemos distraernos y permitir que la tierra se seque. Hemos de ser cuidadosos. Si la regamos con suficiente agua clara y amor bondadoso, nuestra aspiración profunda se fortalecerá y de la tierra brotarán dulces frutos. Nuestra voluntad es como una fuente de aguas claras que brota sin cesar cuando estamos motivados por la fe y el amor. Cuando cuidamos de nuestro jardín, este se conserva fértil y fresco y muchas mariposas se acercan a reposar en él. Tu jardín es un remanso de paz para todos aquellos que se refugian en tu dulce morada de quietud y sosiego.

Al inspirar, el barro de mi corazón abona la tierra.
Al espirar, la maleza es el nutriente de mi renovación.
El barro de mi corazón abonando la tierra;
la maleza, el nutriente de mi renovación.

Un jardinero compasivo también recibe pesares y vientos poco favorables. Una lluvia incesante, una tormenta estruendosa o un virus que todo lo arrasa son desastres naturales que amenazan la labor voluntariosa de cualquier jardinero. No podemos evitar que las circunstancias hostiles nos visiten impetuosamente, pero sí podemos crear condiciones propicias en nuestro interior para aprender de las aflicciones y que la semilla de la sabiduría renueve nuestra aspiración y deseo profundo. Thich Nhat Hanh nos recuerda que sin barro no hay loto. Nuestro propio barro, forjado de innumerables semillas de sufrimiento, que fue plantado por nuestros ancestros y regado por la manifestación de formaciones mentales insanas en nuestra conciencia, es un bien a cuidar para nuestra propia renovación y continuación. De esta forma, un buen jardinero espera pacientemente el momento en que el barro formado por la imparable tormenta se impregne de la calidez de los rayos del sol para que una nueva semilla vuelva a brotar. Cuando miramos profundamente en nuestro malestar, atisbamos un rayo de luz, un mensaje profundo, que despeja nuestra ignorancia y percepciones equivocadas. El compost que inunda nuestro corazón es un alimento nutritivo para cultivar la tierra de nuestro jardín de flores. La maleza y restos orgánicos son el nutriente de tu renovación y sanación. Gracias a la impermanencia, la renovación es posible.

Al inspirar, observo profundamente la magnitud
de mi jardín.
Al espirar, reposo en el silencio de mi hogar cálido.
Observando profundamente la magnitud de mi jardín,
reposando en el silencio de mi hogar cálido.

Cuando el jardinero ha cultivado la tierra con ahínco y bondad, es hora de descansar y esperar. En el suave refugio de su hogar cálido, se complace ante el buen trabajo realizado. No hay mayor alegría que la grata conciencia de sentir que uno ha caminado con solidez por el sendero de la vida. Con el corazón sosegado, tú, jardinero de tu mente, contemplas la magnitud de tu jardín y das fe de que las semillas brotarán a su debido tiempo, no importa cuándo. Tu confianza se funda en tu aspiración clara y tu diligencia correcta. No hay mayor recompensa que refugiarse en la suave calidez del momento presente donde la espera es un silencio hondo. La observación profunda te permite afilar tu concentración y celebrar el milagro de la vida expresada a través de tu propia manifestación. Tu alegría es tu mejor cosecha; tu felicidad es tu más preciado fruto. En el silencio de tu hogar cálido encuentras refugio, y desde ahí tu propio mensaje emana transparente en forma de flores luminosas.

Al inspirar, me comprometo a cultivar mi jardín de flores.
Al espirar, la fragancia de mi mente es inmaculada.
Comprometido a cultivar mi jardín de flores,
la fragancia de mi mente es inmaculada.

Tu compromiso se fundamenta en la práctica de cuidar del jardín de tu propia mente. Nadie más puede ocupar esta labor, sino tú mismo. Tú te has manifestado para ser jardinero de tu propia vida. Y ahora es tu momento para renovar tu verdadera vocación. Este compromiso contigo mismo implica ser diligente con la maravillosa oportunidad de vivir en el presente con plena consciencia. Te comprometes a no olvidarte de tu bien más preciado, que es plantar las semillas que producen el néctar de tu conciencia, a observarlas con dedicación y cuidado y regarlas de tanto en tanto para que emerjan flores radiantes y frescas. Cultivar tu jardín de flores es tu más bella misión, y ahora sientes la llama viva de la energía brillando en el jardín de tu mente y expandiéndose en todas las direcciones. La fe en tu fiel compromiso ilumina tu presencia y de tu mente irradia la fragancia fresca de una mente inmaculada y pura. Cuando despiertas a tu verdadera misión, tu mente irradia pureza y la fragancia que emite es inmaculada. Cuidar de tu jardín de flores requiere dedicación, pero bien vale el esfuerzo. Ahora descansas en el silencio de tu cálido hogar y contemplas la alegre danza de las mariposas revoloteando alrededor tuyo.

13

Abrazando emociones difíciles

En la vida cotidiana es frecuente dejarse arrastrar por energías del hábito o emociones difíciles que nos impiden desplegar nuestro potencial más genuino. Esta meditación guiada nos ayuda a reconocer emociones fuertes en nuestro cuerpo y cómo estas afectan a la mente, y, a la inversa, cómo las percepciones y formaciones mentales afectan al cuerpo. La práctica de reconocer, abrazar y observar profundamente nuestras emociones nos ayuda a no dejarnos llevar por el piloto automático o reacciones impulsivas que no nos conducen por un camino adecuado. Asimismo, cuando identificamos nuestras aflicciones basadas en contenidos mentales desagradables relacionados con sentimientos, pensamientos o ideas que alimentamos, tenemos más libertad para observar su naturaleza ilusoria, soltar las redes que nos atrapan y elegir una vía más sana y transformadora. Si enfocamos la atención en nuestras emociones desde una mirada clara, abierta y sin juicio, alcanzaremos un entendimiento más sereno sobre nuestros obstáculos y tomaremos decisiones más sanas y compasivas en base a nuestra comprensión. Las emociones son adaptativas; nos aportan información relevante para considerar y ajustarnos al medio de una manera más óptima y plena. Observar profundamente nuestras dificultades nos ayuda a comprendernos mejor y a actuar con más madurez y sabiduría.

> Al inspirar, me refugio en la energía sanadora
> de mi inspiración.
> Al espirar, me refugio en la energía sanadora
> de mi espiración.
> Energía sanadora de mi inspiración,
> energía sanadora de mi espiración.

Al descansar en la energía sanadora de nuestra inspiración y espiración, alcanzamos calma y tranquilidad para reconocer qué está pasando en nuestro cuerpo y en nuestra mente. Respirar conscientemente nos aporta serenidad y nos ayuda a enfocarnos en nuestros estados emocionales. La atención a la respiración es nuestro más preciado refugio, el acceso al verdadero hogar de nuestra comprensión y sabiduría profunda. A medida que la respiración se sosiega alcanzamos un estado de calma y concentración.

> Al inspirar, me abro a la energía de las sensaciones
> en mi cuerpo.

Al espirar, estoy presente para la energía
de las sensaciones en mi cuerpo.
Abriéndome a la energía de las sensaciones,
estando presente.

Cuando nuestra respiración es más serena, nos abrimos a las sensaciones que se manifiestan en el cuerpo. Respiramos conscientemente sin intentar huir de la experiencia. Al espirar, observamos profundamente la energía de las sensaciones y nos hacemos uno con el cuerpo. Generalmente cuando sentimos una emoción fuerte tendemos a huir; nos refugiamos en las ramas del árbol de nuestra mente, generamos pensamientos recurrentes poco saludables, y nos exponemos a ser invadidos por el vendaval de nuestros patrones y percepciones desmesuradas. Cuando volvemos la atención a las sensaciones, logramos crear las condiciones propicias en nuestro cuerpo para observar las cosas tal como son, en el escenario más directo: el hogar de nuestro cuerpo.

Al inspirar, reconozco la energía de una emoción difícil
habitando mi cuerpo.
Al espirar, acepto la energía de la emoción difícil
habitando mi cuerpo.
Reconociendo la energía de una emoción difícil en mi cuerpo,
aceptándola.

Al centrar la atención en las sensaciones, reconocemos una emoción difícil que habita en nuestro cuerpo y que nos hace sentir mal. En vez de huir de ella, nos quedamos ahí, respirando y haciendo consciente la emoción que se expresa a través del cuerpo, en nuestro propio hogar. Al espirar, aceptamos la energía de la emoción difícil. Cuando aceptamos lo que sentimos, nos relajamos y logramos comprender mejor. Nos abrimos a la emoción; vivimos la experiencia de la emoción en nuestro propio hogar, en vez de salir corriendo. Es posible que nuestra mente susurre que volvamos al terremoto de los pensamientos inconscientes. Pero soltamos ese arrebato y nos establecemos en la sensación de ira, miedo, tristeza, o cualquier emoción difícil que estemos viviendo. Cuando aceptamos nuestras propias emociones, estas se calman y entonces la comprensión puede surgir con más claridad.

> Al inspirar, abrazo la energía de la emoción difícil
> en mi cuerpo.
> Al espirar, calmo la energía de la emoción difícil
> en mi cuerpo.
> Abrazando la energía de la emoción difícil en mi cuerpo,
> calmando.

Si aceptas la emoción difícil en ti, hay más espacio para abrazarla. Thich Nhat Hanh nos enseña que podemos abrazar la emoción como si fuésemos una madre que, con su ternura, acuna a su bebé en su regazo y le ofrece la calidez y el cariño para que se calme. En este caso, la energía de la plena consciencia abraza con su luz la energía de sufrimiento de nuestro niño herido, que es la emoción difícil. Tu respiración serena acuna a tu bebé que lloriquea en tus brazos. Tu abrazo amoroso le hace sentir bien, y la emoción en tu cuerpo empieza a disolverse. Ha caído rendida al abrazo de tu paz. Gracias a tu presencia despierta la emoción puede ser ella misma. Dejas circular la energía de tu emoción en la pacífica aureola de tu plena consciencia abierta. El rayo de sol de tu plena consciencia ha disuelto las nubes del desasosiego. Te abres a la emoción y respiras plenamente aportando cariño, ternura y bienestar, sin intentar huir o juzgar lo que sientes. Abrazas tu dolor con suavidad y compasión. A medida que acoges tu emoción, escuchas sus susurros y le ofreces el espacio para ser ella misma y reposar en calma.

Al inspirar, soy consciente de que la energía de la emoción difícil
afecta a mi mente.
Al espirar, observo profundamente cómo la energía
de la emoción difícil actúa en mi mente.
Energía de la emoción difícil afectando a mi mente,
observando profundamente cómo actúa.

Una emoción fuerte es como un huracán que revuelve tu cuerpo y agita tu mente con sentimientos, percepciones y formaciones que debilitan la estabilidad de tu calma interior. En este punto de la meditación las olas de las emociones en tu cuerpo se han calmado y hay más espacio en ti para reconocer cómo la emoción impacta en tu mente. Al mirar profundamente, observas el estado de tus pensamientos y de los contenidos que surgen en tu mente consciente. Puedes observar lo que te dices a ti mismo. ¿Estás seguro de aquello que te dices, incluso de forma repetitiva? Es muy normal que cuando sentimos una emoción fuerte, nuestra mente se convierte en una ráfaga de viento y los pensamientos vienen y van sin control. Nos abrimos a este espacio para escuchar lo que surge allá sin desear controlar o dejarnos arrastrar por el torbellino del discurso mental. Si haces brotar en ti la energía de la plena consciencia y habitas el espacio alborotado de tu mente verás las cosas tal como son. Tu atención te guiará a concentrarte y a no dejarte arrastrar por el huracán de las emociones. La habilidad de escucharte profundamente y de abrirte a la emoción y a los contenidos mentales que invaden tu calma es suficiente para que la energía circule libremente dentro del espacio amable de tu propia paz.

Al inspirar, soy consciente de que mis percepciones
y formaciones mentales afectan a mi cuerpo.
Al espirar, miro profundamente en la naturaleza ilusoria
de mis percepciones y formaciones que afloran en mi mente.
Consciente de mis percepciones y formaciones mentales
afectando a mi cuerpo,
mirando profundamente en la naturaleza ilusoria
de mis percepciones y formaciones mentales.

Cuando te abres a la energía de los contenidos mentales descubres todo lo que surge allá: pensamientos recurrentes, ideas y creencias fijas y absolutas, estados emocionales complejos y sentimientos que impiden que tu mente esté en calma. La impresión de las percepciones y formaciones que afloran en tu mente afecta a tu cuerpo en forma de ansiedad, malestar o tensión. De igual manera, la energía de tus sensaciones corporales impacta en tu mente. De esta forma centras tu atención en las formaciones que surgen, sin juzgarlas ni dejarte arrastrar por la energía del delirio. Al hacerte consciente de lo que realmente sucede, ya no eres nunca más esclavo. Tu mirada profunda penetra en la energía de tus percepciones y observas la naturaleza de tus juicios y contenidos mentales atravesando los matices de tus interpretaciones subjetivas. Thich Nhat Hanh nos recuerda que donde hay percepción hay error. Si te abres y observas profundamente los muros que has edificado para mantener tu postura, vislumbrarás la naturaleza ilusoria de tus creencias y la sinrazón de erigir resistencias que riegan tu sufrimiento y falta de compasión. Tu mirada profunda te hace libre de tu propio condicionamiento y ahora hay espacio en ti para soltar los pensamientos, las imágenes o el discurso que te dices a ti mismo incesantemente. Al hacer emerger la energía de la atención plena y enfocarte en los contenidos que surgen en tu mente te haces consciente de toda la secuencia de pensamientos y puedes elegir soltarlos y liberarte de ellos u observarlos más profundamente. Al soltar, te liberas de tu condicionamiento. El entrenamiento continuado de esta práctica te predispone a ser más consciente de los contenidos mentales que surgen, sin dejarte arrastrar continuamente por ellos. Al liberarte del discurso de tu mente te abres a un espacio de silencio y vacío en el que puedes mirar profundamente con más claridad.

Al inspirar, soy consciente de que hay causas y condiciones
que me han generado la energía de la emoción difícil.
Al espirar, observo profundamente las causas y condiciones
que me han generado la energía de la emoción difícil.
Consciente de las causas y condiciones
que me han generado la energía de la emoción difícil,
observando profundamente.

En la tranquilidad de tu espacio interior puedes mirar con más claridad, sin la opacidad de las percepciones y la tormenta discursiva mental. Al observar profundamente con plena consciencia en el lago transparente de tu mente, tal vez el poder de tu intuición surja para ayudarte a resolver la situación de la manera más adecuada. A veces, lo único que necesitamos es aceptar la realidad tal y como es, y rendirnos a la experiencia de la vida. Nuestras percepciones y juicios casi siempre son la trampa en la que nos enredamos al subestimar nuestra felicidad y autoestima. Creemos equivocadamente que lo que nos hace sufrir es el hecho en sí, cuando generalmente es nuestra manera de percibir la situación. A veces, nuestras percepciones y formaciones mentales nos causan un sufrimiento innecesario porque nos impiden ver la realidad tal cual es. Si accedemos a su naturaleza profunda y observamos nuestras formaciones tal cual son, quizás encontremos más cerca la salida que andábamos buscando al liberarnos de aquello que nos estaba oprimiendo.

Al inspirar, me comprometo a cultivar el pensamiento,
la palabra o la acción compasiva
para comenzar de nuevo conmigo y con los demás.
Al espirar, soy consciente de que la comprensión de mi propio
sufrimiento es la salida para una vida en paz y armonía.
Comprometido a cultivar el pensamiento,
la palabra o la acción compasiva para comenzar de nuevo;
consciente de que la comprensión de mi sufrimiento
es la salida.

En el sosiego de tu calma y comprensión te comprometes a cultivar una vía de pensamiento, palabra y acción que sostenga la paz de tu cuerpo y de tu mente. Ya no deseas hacerte daño, ni a ti ni a los demás. Ese es un camino sin salida que no te lleva a ninguna parte. Cada momento es una buena oportunidad para comenzar de nuevo con uno mismo y con los demás. Ya no deseas escaparte del mensaje que te revelan tus sensaciones, percepciones y formaciones mentales cada vez que se ponen en pie y hacen rugir los motores de tu cuerpo y de tu mente. Tú tienes el poder de detenerte y escuchar tu verdad para ser más bondadoso y compasivo contigo mismo en el proceso de tu sanación y transformación. Eres consciente de que la comprensión de tu propio sufrimiento es la manera de alcanzar una vida en paz y armonía. Puede serte doloroso escuchar los llantos de tu alma cuando accedes a tu propio sufrimiento, pero si logras acariciar la herida con la sutileza de tu atención compasiva, esta encontrará un medio para sanar y podrás comenzar de nuevo. Nuestra mirada transparente y firme es el camino más seguro e infalible para emanciparnos de la esclavitud de las emociones.

Al inspirar, me comprometo a no regar pensamientos, palabras o acciones que desencadenen la energía de la emoción difícil.
Al espirar, me comprometo a nutrir la voluntad
de cuidar de mi cuerpo y mente.
Comprometido a no regar pensamientos, palabras o acciones
que desencadenen la energía de la emoción difícil;
comprometido a nutrir la voluntad
de cuidar de mi cuerpo y mente.

Un buen entrenamiento de nuestra mente es clave para regar las mejores semillas en nuestra conciencia. Si nos dejamos arrastrar por pensamientos, palabras y acciones que nos hacen daño a nosotros y a los demás esta energía crecerá y atraeremos cada vez más situaciones que harán brotar las semillas de aflicción. Como jardineros de nuestra mente deseamos cultivar en ella todo lo mejor para que crezcan bellos frutos. Cuando tenemos la determinación y firmeza de observar profundamente nuestro sufrimiento, puede crecer en nosotros el amor y la compasión de aceptarnos tal como somos, pero también la sabiduría para comprender mejor cómo actuar con nuestras energías del hábito o emociones difíciles recurrentes. El poder de mirar profundamente nos libera en tanto que nos permite escoger una vía más saludable para nuestro cuerpo y nuestra mente. Si somos diligentes en nuestra manera de pensar, hablar y comportarnos, la belleza brotará de la energía de nuestras actitudes y el sufrimiento que habita en el interior se convertirá en una perla en el jardín del océano de nuestra mente.

Al inspirar, me refugio en la energía sanadora
de mi inspiración.
Al espirar, me refugio en la energía sanadora
de mi espiración.
Energía sanadora de mi inspiración,
energía sanadora de mi espiración.

Nos refugiamos en la energía sanadora de la inspiración y la espiración. A través de la fuente de nuestra respiración profunda nos adentramos en el viaje hacia el despertar, ese espacio abierto en el que ya no hay escape, en el que el entrenamiento de nuestra plena consciencia es el camino para realizarnos y emanciparnos del condicionamiento humano. La sabia presencia de tu inspiración y de tu espiración te devuelve a la isla de tu verdadera esencia que solo se encuentra en el momento presente, el único momento de elección y liberación.

14

Tu niño herido, un sol radiante

Cuando nuestra niña herida invade la calma del cuerpo y de la mente, podemos penetrar en la herida que arrastramos, manifestarla en nuestra conciencia y abrazarla con la calidez de nuestro corazón. Tendemos a reprimir nuestro sufrimiento, a quererlo anestesiar a través de deseos inmediatos para dejar de sentir el malestar que nos abruma. Esta práctica nos ayuda a mirar de frente a nuestra niña interior herida, que es nuestra pena más profunda, manifestada en la energía de nuestro cuerpo, en la energía de nuestra mente y conciencia. Cuando contemplas tu sufrimiento sin oponer resistencia y sin emitir juicios, la energía de la dificultad puede circular hacia tu mente consciente, observarla tal cual es con apertura y aceptación, y acunarla en los brazos de tu energía amorosa. Tu sufrimiento es tu niña herida que te reclama que estés presente para ella, que le ofrezcas tu calor, tu apertura, y que tengas un espacio para escuchar la energía de sus lamentos sin juicio alguno. Acoger a tu niña interior en tu propio cuerpo es una imagen que nos enternece y nos ayuda a comprender que el sufrimiento necesita de tu cuidado y atención, no de tu culpabilidad y recriminación. Este ejercicio de meditación nos guía hacia la comprensión y sanación del sufrimiento a través de la energía compasiva que reside en nuestro corazón.

Al inspirar, mi niño interior inspira conmigo.
Al espirar, mi niño interior espira conmigo.
Mi niño inspirando conmigo,
Mi niño espirando conmigo.

Invitas a tu niña interior a respirar conscientemente contigo. La sientes inspirar y espirar contigo, dentro de ti. Tu niña te acompaña a lo largo de tu vida. A veces está feliz, pero otras veces está triste. Ella siente una gran diversidad de emociones. Cuando eres consciente de que tu niña te acompaña dentro de ti, sabes que no estás sola, que puedes hacerla presente en tu interior y averiguar cómo se siente, qué necesita, cómo puedes cuidarla para que esté feliz. Ahora la traes a la consciencia de tu respiración, y juntas inspiráis y espiráis. No hay mayor bondad que respirar con tu niña interior mecida por la energía dulce de tu plena consciencia.

Al inspirar, mi niño interior reside en mi propio cuerpo.
Al espirar, mi niño interior es mi propio hogar.

Mi niño residiendo en mi propio cuerpo,
mi niño, mi propio hogar.

Eres consciente de la niña interior que hay en ti, y la acoges en tu cuerpo. A través de tu cuerpo la sientes, la miras profundamente en el latido de tus emociones, y comprendes de forma más clara cómo cuidarla para que te acompañe de manera equilibrada a lo largo de la vida. Ella siempre vive en ti, aunque no siempre la reconozcas. Tomas consciencia de las sensaciones en tu cuerpo, y reconoces su propio cuerpo, y cómo tu niña se encuentra en ti. Tu cuerpo es su cuerpo. Ella siempre se expresa a través de tus sensaciones, percepciones, formaciones mentales y conciencia.[*] Ábrete a ella y siente a tu propia niña en el organismo vivo que es tu cuerpo.

El hogar de uno mismo es la imagen más cálida a la que podemos acceder para recogernos en nuestra propia interioridad y calma verdadera. En ese espacio invisible en tu propio cuerpo, sientes el aprecio por tu niña. Tu verdadero hogar es la calidez de tu niña interior, ese espacio de silencio, recogimiento y quietud en que te abres a la verdad de ti mismo. Tu hogar, tu propia niña, es profundo y recogido. En ese espacio dentro de ti encuentras la calma interior para descubrir la raíz de tus emociones y formaciones mentales.

---

[*] Estos son los llamados Cinco Agregados (*Skandhas*), que son los elementos que componen a una persona. Véase Thich Nhat Hanh, *El corazón de las enseñanzas de Buda*, Oniro: Barcelona, 1998.

Te deshaces de todo lo que te ata para hundirte en la fuente de tu más profundo cobijo.

Al inspirar, mi hogar está en llamas.
Al espirar, mi niño interior está herido.
Mi hogar, en llamas;
mi niño, herido.

Te adentras en el espacio sagrado de tu propio hogar y descubres que hay un incendio, que tu hogar está en llamas. Tu niña está sufriendo. Te sumerges en el sufrimiento que se manifiesta en tu propio hogar para hacerte consciente de él. No deseas huir y hacer ver que nada sucede. No sería lógico. Te acercas para contemplar las llamas y, en la suavidad de tu inspiración y espiración, la energía de la plena consciencia acoge las llamas y permites que te penetren en lo más profundo de tu conciencia. Te vuelves una unidad con la herida de tu niña, que te pide tu presencia, que no huyas hacia otra dirección, que te inundes en ella y le permitas que ocupe el hogar de tu conciencia.

Al inspirar, observo profundamente en mi propio hogar.
Al espirar, escucho profundamente los lamentos
de mi niño herido.
Observando profundamente en mi propio hogar,
escuchando profundamente los lamentos de mi niño herido.

Al permitirte ir adentro, en la realidad de tu estado emocional, has elegido estar presente para el sufrimiento de tu niña herida. No huyes hacia otro lado; agudizas tu concentración para mirar profundamente en tu propio hogar. En tu propio hogar hay dolor, tristeza, dispersión, aflicción. Tu niña te llama para que recurras a ella y escuches su desolación. Tú eres su más tierno apoyo y te necesita en este instante. Por ello se lamenta en la intensidad de tus emociones para que te vuelvas a ella y escuches con compasión la verdad de sus lamentos. Escuchar profundamente requiere de tu presencia y expansión, sin emitir juicios o racionalizar el dolor de tu niña. Tan solo escuchas en plena consciencia la energía de los lamentos en el hogar de tu propio cuerpo. Así, tu niña se siente acogida, y la ternura de tu respiración consciente enfocada en tu escucha compasiva le aporta la serenidad y protección para expresarse y liberar su dolor con toda su verdad.

Al inspirar, en mi hogar entra un rayo de sol.
Al espirar, el sol acaricia las heridas de mi niño.
Entrando un rayo de sol en mi hogar,
el sol acariciando las heridas de mi niño.

Mirar profundamente y escuchar los lamentos de tu niña desde la energía de plena consciencia te predispone a soltar juicios, pesares, expectativas y miedos. Sencillamente, despiertas tu presencia. Te permites sentir de forma plena y estar muy adentrada en la quietud de tu interioridad. De ahí puede surgir un brote de compasión y ternura hacia esa niña que exterioriza sus lamentos con toda honestidad. En ese abrirse, la energía del sufrimiento se manifiesta con claridad, y tu mirada compasiva es un rayo de sol que penetra en la aflicción y la suaviza. Al adentrarnos en nuestro propio hogar con autenticidad, y al atrevernos a recorrer las habitaciones de toda la casa con verdadera confianza, sin miedo a lo que nos vayamos a encontrar, y con solidez para sostener el sufrimiento y las aflicciones por las que vayamos a circular entre pasillos de nuestro ser, solo la ternura de nuestra compasión puede apagar las llamas del sufrimiento y aplacar el fuego de la desazón. Un rayo de sol penetrando en tu propio hogar es suficiente para acariciar las heridas de tu niña y calmar su angustia y amargura. Permitimos que ese rayo de sol nos penetre profundamente y nos acaricie el alma con su entrega y dulzura. Tu plena consciencia es un sol que todo lo abraza, lo acaricia y lo sana.

> Al inspirar, mi hogar es un espacio cálido.
> Al espirar, mi niño reposa en mi corazón.
> Mi hogar, un espacio cálido;
> mi niño, reposando en mi corazón.

Cuando abres las ventanas de tu propio hogar para que el sol de la plena consciencia suavice los estragos del sufrimiento, tu cuerpo se vuelve un espacio cálido. Y la calidez reconforta la soledad de tu niña herida. En la energía tierna que brota de tu corazón, ella se siente segura y protegida para reposar en tu corazón suave. Notas cómo tu sufrimiento es bañado por los rayos del sol que tu corazón esparce por todo el hogar de tu cuerpo transmitiendo un abrazo cálido y sentido hacia tu niña. Tu niña descansa en la fuente de tu corazón y, allí, sus llantos se curan de las percepciones aflictivas, de las creencias de separación y de las energías del hábito. En la fuente de tu propio hogar, tu niña y el sol de la plena consciencia se convierten en una misma unidad. Ya no hay separación ni estrechez mental. Tu niña ha hallado su verdadero espacio de protección en tu corazón compasivo y amoroso.

Al inspirar, mi corazón es mi hogar.
Al espirar, mi niño irradia luz.
Mi corazón, mi hogar;
mi niño, irradiando luz.

Tu propio hogar está bañado de los rayos del sol de tu corazón, y tu cuerpo, mente y conciencia son un remanso de paz y sosiego en que hay claridad para ver y decidir. Las llamas del miedo, la ira o la desazón se han apaciguado, y tu niña ha vuelto a descansar en la unidad de tu ser como cuando una madre abraza a su bebé y ambos se vuelven un único ser, una única conciencia. En el espacio de unidad, tu niña es bella, es ella misma, e irradia la luz del sol, su naturaleza verdadera. Tú estás en armonía y tu niña también lo está, respirando las dos juntas en paz y fraternidad. La luz atraviesa tu aflicción, y una caricia tierna ilumina el hogar de ti misma. La aflicción es un rayo de luz que se abre camino en el corazón de tu conciencia.

Al inspirar, mi corazón es un sol radiante.
Al espirar, mi niño es una joya preciosa.
Mi corazón, un sol radiante;
mi niño, una joya preciosa.

Tu bondad impregna tu corazón, y este es un sol radiante abierto a expandir sus rayos por todo el hogar de tu cuerpo. Un corazón espacioso es un corazón compasivo que abre su amor y ternura en todas las direcciones de manera generosa. Las aflicciones han sido bañadas por los rayos de tu amor compasivo, y tu niña interior luce como una joya preciosa iluminada por la belleza de la plena consciencia. Más allá de cualquier aflicción luce una joya resplandeciente: nuestra verdadera naturaleza, nuestro valor intrínseco, una gota en el milagro del interser. De la misma manera que más allá de las nubes resplandece un sol brillante, nuestra genuina belleza irradia más allá de nuestras aflicciones y heridas. Caminando de la mano junto a tu niña interior, ella te guiará sabiamente en un proceso de sanación y transformación. Solo necesitas despertar tu presencia, escucharla profundamente y dejar que te oriente hacia la joya preciosa que ella es, que tú eres, si

sueltas tus percepciones y permaneces en silencio en la fuente
de tu verdadera presencia.

Al inspirar, cultivo un hogar hermoso para mi niño.
Al espirar, la plena consciencia es un refugio seguro para mí.
Cultivando un hogar hermoso para mi niño;
la plena consciencia, un refugio seguro para mí.

Cultivar un hogar hermoso implica un entrenamiento consciente en cada momento de nuestra vida. El sufrimiento existe.
No podemos escapar de él. No obstante, si elegimos cultivar
un bello hogar para nuestro cuerpo, mente y conciencia en la
manera de estar atentos a las maravillas que residen en nuestro
interior y alrededor de nosotros, germinarán las condiciones
favorables que nos guíen por el camino hacia el bienestar. La
imagen del niño interior nos anima a contemplar las heridas
desde el afecto, la ternura y el amor. Si practicas la plena consciencia de manera sostenida en tu vida diaria, la energía de la
paz creará un espacio tan sólido en tu interior que la energía
de tu sufrimiento se convertirá en tu fuente de comprensión y
emancipación. La plena consciencia es tu verdadero refugio
donde encontrar el sosiego y la visión correcta que te guía en
la dirección de la luz. Si deseas que tu niña herida esté segura
y protegida del temporal, un cálido refugio es la seguridad de
la plena consciencia, ese abrazo suave que todo lo acoge, lo
acaricia y lo sana.

15

Tu clima de nubes de colores

Tanto niños como adultos podemos aprender juntos a reconocer las emociones de nuestro clima interior y a transformarlas desde la aceptación y la compasión. Al ser conscientes de nuestro clima interior, nos sumergimos en un universo de símbolos que nos guía hacia nuestra más genuina interioridad. En la meditación, contemplaremos un cielo cubierto de nubes y colocaremos colores a las nubes de nuestro clima interior. Así, dejamos que nuestra imaginación nos sorprenda dibujando un cielo en el que proyectamos los colores de nuestro estado emocional. Primero contactaremos con una nube feliz y ahondaremos en el clima emocional de la nube feliz en el corazón. Asimismo, contactaremos con una nube de color triste y la acunaremos en nuestros brazos con afecto y calidez. El viaje de nuestra vida está cubierto de nubes de una gran diversidad de colores. Podemos disfrutar de la vida y reconocer y aceptar la enorme variedad de estados emocionales de nuestro cielo de colores. Todas las nubes son los colores de nuestras emociones, y, cuando cuidamos de nuestro cielo, que es la profundidad de nuestra conciencia, la vida se convierte en un arcoíris de colores maravillosos en forma de semillas que, cuando brotan en nuestra mente, las abrazamos con el perfume de nuestra comprensión y compasión.

> Al inspirar, contemplo un cielo cubierto de nubes.
> Al espirar, coloreo las nubes
> con los colores de mi clima interior.
> Cielo cubierto de nubes,
> colores de mi clima interior.

Cuando inspiras, contemplas un cielo cubierto de nubes. Te recreas y dejas volar tu imaginación para descubrir tan bello paisaje con formas de nubes variadas. Al espirar, sigues dando rienda suelta a tu fantasía y te ves coloreando las nubes en lo alto de un cielo azul de acuerdo con tu estado emocional del momento. Miras profundamente en tu interior, reconoces las sensaciones que emanan de tu cuerpo y coloreas las nubes con los colores de tu clima interior. Se trata de dejarte llevar por el fluir de tus emociones y dibujar tu propio cielo a imagen y semejanza de tus colores en el día de hoy. No hay ningún cielo mejor que otro. Tu propio cielo es confidencial y espectacular tal cual es. Eres bella, eres tú misma. No necesitas ser nadie más, sino tu propio cielo verdadero.

Al inspirar, contemplo una nube de color feliz.
Al espirar, sonrío a la nube de color feliz.
Nube de color feliz,
sonriendo.

Cuando tu cielo esté decorado con los colores de tu estado emocional del día de hoy, enfocas tu atención en una nube de color feliz. Aunque el día se haya despertado difícil, siempre existe algún espacio de esperanza y alegría que también está presente en tu conciencia. Eres consciente del aspecto de la nube de color feliz, de su forma, del color que tiene, y, especialmente, de cómo te hace sentir en ti misma. Como ella forma parte de ti, le sonríes con aceptación y alegría. Siempre hay nubes felices en el cielo de tu conciencia, aunque las divises muy a lo lejos. Una sonrisa tuya bastará para que la nube aflore de su alejado escondrijo. Tu sonrisa es el espejo de su felicidad.

Al inspirar, alcanzo con mi mano la nube de color feliz.
Al espirar, coloco la nube de color feliz en mi corazón.
Alcanzando con mi mano la nube de color feliz,
nube de color feliz en mi corazón.

La nube de color feliz es tan preciosa allá en lo alto de tu cielo azul que la alcanzas con tu mano con mucha delicadeza. Hoy deseas vestirte del color de tu nube feliz. Mientras espiras, colocas la nube feliz en tu corazón. Qué alegría dejarte sentir la nube de color en tu corazón. La nube está dentro de ti, y eso te hace muy feliz. Te dejas mecer por la calidez de la felicidad de la nube dentro de tu corazón sonriente. Ella se siente contenta en el regazo de tu cálido corazón en tu propio hogar. Ahora las dos estáis juntas y os hacéis compañía mutuamente. La felicidad es vuestro secreto.

> Al inspirar, contemplo una nube de color triste.
> Al espirar, sonrío a la nube de color triste.
> Nube de color triste,
> sonriendo.

Tal vez hoy el día se haya levantado algo nublado y en tu hermoso cielo también haya florecido una nube de color triste. Enfocas tu atención en esa nube en particular, y contemplas su aspecto, la forma que tiene, su color, y cómo te hace sentir en el interior de ti misma. Todos los cielos están cubiertos de nubes de muchos colores y es normal que también aparezca una nube de color triste. No tengas miedo de mirarla de frente; ella es tan bella como las demás, y hoy, más que nunca, necesita de tu mero reconocimiento para salir de su escondrijo en tu preciado reino de los cielos. Al mirarla de frente, le sonríes. Ella también desea una sonrisa de tus labios. Quizás tu sonrisa le haga cambiar de color y se ponga feliz. Cualquier momento del día es una buena oportunidad para sonreír a las nubes de tu cielo interior. Tu sonrisa les hace el tiempo más llevadero, y tú eres feliz con el cálido espectáculo de colores.

Al inspirar, alcanzo con mi mano la nube de color triste.
Al espirar, la acuno suavemente en mis brazos.
Alcanzando con mi mano la nube de color triste,
acunándola suavemente en mis brazos.

Al contemplar de frente a la nube de color triste, reconoces su emoción y deseas hacer algo para ayudarla. Ella forma parte de ti y se merece tu ternura y comprensión. Así que alcanzas a tu querida nube triste con tu mano y la colocas con mucha suavidad en tu regazo para acunarla como un bebé en tus cálidos brazos. Tus brazos mecen a tu bebé nube con ternura, y la semilla de la compasión en tu corazón serena la tristeza de la nube al sentirse reconocida y acogida. La nube de color triste va cambiando poco a poco su color y tu cara expresa una dulce sonrisa.

Al inspirar, la nube de color triste deja de llover.
Al espirar, coloco la nube de color triste en mi corazón.
Nube de color triste dejando de llover,
nube de color triste en mi corazón.

En el suave mecer de tu regazo la nube triste deja de llover. La amabilidad de tu corazón compasivo baña la tristeza de tu bebé nube al ser acogida por la ternura de tus brazos. Cuando ya está más serena, colocas a tu nube de color triste en tu corazón. Allí descansa en el refugio de tu cálido hogar compasivo. Ella forma parte de ti y la invitas a tu propio espacio cálido para que, en el hogar de tu interior, se sienta acogida en brazos de la serenidad de tu corazón abierto e inclusivo. La espaciosidad de tu corazón es enorme y en la guarida de tu propia isla interior brilla la paz y la armonía.

Al inspirar, la nube de color feliz y la nube de color triste
se dan la mano en mi corazón.
Al espirar, mi clima interior es un arcoíris de colores.
Nube de color feliz y nube de color triste
dándose la mano en mi corazón;
mi clima interior, un arcoíris de colores.

Cuando inspiras, sientes la nube de color feliz y la nube de color triste, acompañadas, en el refugio cálido de tu corazón. En el espacio de tu hogar acogedor y amable hay lugar para las dos. Las incluyes con ternura a ambas. Ellas te acompañan en el día de hoy, y tú les das cobijo en el espacio tierno de tu isla interior. Las dos nubes se estrechan la mano como amigas, reconociendo que más allá de la felicidad y la tristeza hay un espacio tierno de amor, comprensión y compasión. Una sonrisa brota de tus labios, y tu corazón se abre amistosamente. Cuando espiras, tu corazón resplandece en un arcoíris de colores. Tu hogar acogedor abraza la diversidad de tu cielo azul más allá de las nubes intensas o soleadas. La emoción difícil de tu nube de color triste se ha apaciguado. Bajo un cielo azul de nubes de colores, celebras tu clima emocional, agradecida.

16

Soy bella, soy yo misma

Nuestro valor es de una belleza incondicional, que se extiende más allá de las vicisitudes o éxitos que experimentamos a lo largo de la vida. Cada ser vivo es una joya preciosa en este noble universo expuesto a nuestro servicio y bendición. Aun así, caemos rendidos al desánimo cuando las cosas no nos van como desearíamos o cuando el sufrimiento colma nuestro espacio mental. En esos momentos, el cielo de nuestra mente, empañado de nubes, nos vela el camino del corazón y la desdicha ensombrece la claridad de nuestra llama interior. «Eres bella, eres tú misma» es un mantra del maestro zen Thich Nhat Hanh que nos recuerda la preciosa verdad que se esconde en nuestro ser. Si aprendemos a cuidar de nuestro cuerpo y de nuestra mente con aceptación y ternura, protegeremos un espacio inasequible que brilla más allá de los gozos y las sombras, aun incluyéndolos, y que es nuestra experiencia vital. Nuestro valor es ilimitado; nuestra belleza es incalculable, y no está sometida a ninguna medida de inferioridad, igualdad o superioridad. Nuestro valor es eterno, y, solo cuando lo cuidamos, la joya que se esconde en nuestro interior brilla en todo su esplendor, más allá de fronteras y abismos, incondicionalmente. Esta meditación guiada nos lanza hacia nuestra genuina realidad, haciendo brotar la compasión e inclusividad de nuestro corazón, que todo lo acepta y abraza, desprendiendo su más sencilla belleza.

> Al inspirar, sé que estoy inspirando.
> Al espirar, sé que estoy espirando.
> Inspiro,
> espiro.

Eres consciente de tu inspiración al notar el aire que entra por tus fosas nasales. Disfrutas del aire entrando y centras tu atención en la inspiración. Es una alegría recogerte en la plenitud de tu inspiración y seguir con tu atención el aire entrando y bañando todo tu cuerpo de oxígeno y frescor. Al espirar, eres consciente de tu espiración y descansas en el vacío que nace al liberar el aire de la atadura de tu cuerpo. En el espacio de respiración consciente que habita en ti, la serenidad aplaca la dispersión de tu mente.

> Al inspirar, soy consciente del oleaje de sensaciones
> en mi cuerpo.

Al espirar, acepto el oleaje de sensaciones
en mi cuerpo con ternura.
Consciente del oleaje de sensaciones,
aceptando con ternura.

Cuando tu respiración es más sosegada, tu capacidad de reconocimiento se hace más honda en ti. Enfocas tu atención en el oleaje de sensaciones en tu cuerpo y te permites sentir cualquier sensación tanto si es placentera como si es difícil o neutra. Das la bienvenida a la corriente de sensaciones que fluyen sin quedarte fijada en ninguna en concreto. Al hacerte consciente de las sensaciones, las aceptas con mucha ternura, sin oponer resistencia o emitir juicio alguno. Las reconoces abiertamente y aceptas que en ti fluye un mar de sensaciones de una gran variedad. Observas con curiosidad las sacudidas que tu cuerpo emite y no puedes por menos que acoger con ternura la diversidad de olas que vienen y van por la superficie de tu cuerpo. Tu mente, que no se deja condicionar por ninguna ola en su vasto océano, se abre como un sol, y abraza a todas las olas en el dulce remanso de su corazón.

Al inspirar, soy consciente de una semilla agradable
en mi mente.
Al espirar, acepto la semilla agradable con ternura.
Consciente de una semilla agradable,
aceptando con ternura.

Con el cuerpo sosegado, seleccionas una semilla agradable que haya brotado en tu mente y te enfocas en ella acogiéndola con ternura. Tal vez el simple hecho de sentirte viva o el contacto con la brisa del aire te invite a conectar con las semillas de agradecimiento en ti. Thich Nhat Hanh nos enseña que existe una gran diversidad de semillas en el fondo de nuestra mente en forma de emociones, sentimientos o estados emocionales complejos en estado latente. Estas semillas las hemos heredado de nuestros ancestros y de la conciencia colectiva de generaciones y generaciones pasadas. En todo momento realizan su función laboriosa, aunque no siempre seamos conscientes. Nuestra labor diligente es seleccionar las semillas saludables que deseamos traer a nuestra mente consciente para ser dueños de nuestra realidad y no dejarnos arrastrar por las ráfagas de viento de las circunstancias y condicionamientos. Un buen jardinero se entrena en regar las semillas beneficiosas en su mente para activar pensamientos, palabras y actos conscientes y saludables. Igual que hace el jardinero, enfocas tu atención en una semilla saludable y la acoges con ternura en tu conciencia con actitud de aceptación. Notarás que tu mente sonreirá y tu cuerpo irradiará bienestar. Cuando, de manera continuada, riegas el hábito de seleccionar las semillas beneficiosas en tu conciencia, entrenas tu mente para contemplar la felicidad y la alegría, y el fondo de tu conciencia se vuelve más hermoso. Nuestra voluntad se vuelve resistente como un roble.

Al inspirar, soy consciente de una semilla desagradable
en mi mente.

Al espirar, acepto la semilla desagradable con ternura.
Consciente de una semilla desagradable,
aceptando con ternura.

Ahora seleccionas una semilla desagradable en tu mente. Todos albergamos todo tipo de semillas. Unas nos hacen sentir bien y otras nos generan incomodidad y malestar. Tal vez haya algún evento que te haya irritado en el día de hoy o alguna sensación de malestar en tu cuerpo esté dificultando tu concentración. Enfocas tu atención en la semilla desagradable, observas atentamente qué sientes en tu mente y en tu cuerpo, y aceptas la semilla sin escapar del malestar. Al aceptar tus semillas incómodas, las acoges con más ternura en tu corazón compasivo. Sentirse mal forma parte de nuestra realidad más sincera. No podemos huir del sufrimiento; es intrínseco a la vida y es parte de nuestra naturaleza de la impermanencia. Sin embargo, hay opciones para lidiar con nuestras asperezas y dificultades. Una salida es la capacidad de reconocer, aceptar y acoger tu sufrimiento con ternura. De esta forma desactivas tu necesidad imperiosa de escapar del sufrimiento mediante el pensamiento compulsivo, el ataque o la huida.

Al inspirar, soy consciente de un espacio ilimitado
en mi mente.
Al espirar, acepto el espacio ilimitado
que es mi mente con ternura.

Consciente de un espacio ilimitado,
aceptando con ternura.

Cuando dejas de luchar, algo descansa dentro de ti y una voz amable te susurra que más allá de los estados emocionales agradables o desagradables eres un ser invencible. Un espacio ilimitado se abre, libre de condicionamientos y esclavismos. En el espacio abierto de ti misma aceptas lo que surge con ternura, libre del miedo y el desamparo, incondicionalmente abierta a cualquier tipo de semilla, de textura. Descansamos en la claridad espaciosa que todo lo abraza sin discriminación ni juicios. En ese espacio vasto de tu corazón inalterable tus emociones se disuelven y te fundes en una caricia suave que todo lo abraza.

Al inspirar, soy consciente de mí misma.
Al espirar, me acepto tal como soy con ternura.
Consciente de mí misma,
aceptando con ternura.

En el espacio ilimitado de tu propia presencia, reconoces tu verdadera identidad. Tu genuina presencia irradia más allá de la dicha o la aflicción, y en la conciencia de tu propio ser te haces libre de ti misma, a pesar de tus vaivenes y semillas, abierta y entregada. Al inspirar, consciente de ti misma, te aceptas con ternura, con tus virtudes y fantasmas. Las nubes de las emociones se han disuelto, aunque surjan de tanto en tanto. Y en el vacío de tu esplendor te entregas a ellas, y ellas se entregan a ti, dispuestas a rendirse al imperturbable silencio de tu ser.

> Al inspirar, soy bella.
> Al espirar, soy yo misma.
> Soy bella,
> soy yo misma.

En el esplendor de tu silencio, eres bella, eres tú misma. No necesitas ser nadie más, solo reposar en tu verdadera presencia que despunta más allá de tus luces y tus sombras. Cuando accedes al espacio ilimitado de tu verdadera naturaleza, te rindes a tu propia belleza, y en esa libertad te sumerges en la verdadera naturaleza del cosmos en tu propio corazón despierto. Sin complejo de superioridad, igualdad o inferioridad, te hundes en el océano inmenso de tu mente, que es la conciencia del mundo en su estado más puro.

17

Los cuatro inconmensurables

La amabilidad bondadosa, la compasión, la alegría y la inclusividad son los cuatro aspectos del amor desarrollados por el maestro zen Thich Nhat Hanh en los que podemos refugiar nuestro corazón cada día de nuestra vida para expandir nuestro amor al mundo y beneficiarnos de la energía poderosa de la entrega. En esta meditación nutriremos estas cuatro energías nobles para canalizar nuestro amor hacia un mundo más bello en que todos los seres se sirvan de nuestra energía renovada y generosa. Si nutrimos estos cuatro elementos en nuestras relaciones, traeremos más prosperidad y abundancia a los demás, y en nuestro corazón brillará un sol compasivo.

Al inspirar, el aire entrando es un bálsamo de paz.
Al espirar, el aire saliendo es un bálsamo de luz.
Aire entrando, un bálsamo de paz;
aire saliendo, un bálsamo de luz.

Te enfocas en la respiración consciente para aquietar el cuerpo y la mente. Al inspirar, sientes que el aire que entra por tu nariz es un bálsamo de paz. El aire que inhalas purifica tu cuerpo y todas tus células respiran paz. Al espirar, igualmente sientes que el aire que exhalas trae luz al mundo. Esta práctica es muy poderosa para aportar paz a tu cuerpo y convertirla en luz para el mundo. A medida que enfocas tu atención en la respiración, el cuerpo se relaja y entra en un clima muy amoroso de paz y gratitud. Cuando exhalas luz, las condiciones externas se convierten en un apoyo para tu práctica. Puedes colocar el foco de la atención en el aire en forma de paz entrando por tus fosas nasales y en el aire llevando luz hacia el exterior.

Al inspirar, mi cuerpo es un haz de paz.
Al espirar, mi mente es un haz de luz.
Mi cuerpo, un haz de paz;
mi mente, un haz de luz.

Cuando inspiras, visualizas tu cuerpo como un haz de paz. La paz está dentro de ti. Tus células y órganos están hechos de paz a través de tu inspiración consciente. En ti habita la paz y por eso en tu cuerpo existe el sosiego suficiente para nutrir los cuatro aspectos del amor. Si no hay sosiego en nosotros, difícilmente podremos llevar amor y paz al mundo. Cuando espiras, visualizas tu mente como un haz de luz. En tu mente habita la claridad, la comprensión y la luz. No hay nada que la nuble.

Tu clara mirada aporta luz a todos los contenidos que emergen en tu mente consciente. Cuando nuestra mente irradia luz, confiamos en la fuente clara que refleja las cosas tal como son, en su perfecta naturaleza trasparente. De esta manera la paz de nuestro cuerpo y la luz de nuestra mente no pueden más que ser espejos del amor de nuestro corazón que inunda todo.

Al inspirar, de mi corazón irradia amor bondadoso.
Al espirar, mi felicidad brilla lejos.
Irradiando amor bondadoso;
mi felicidad, brillando lejos.

Con tu cuerpo y mente calmados, te enfocas en la zona del corazón e irradias amor bondadoso. Puedes dirigirlo hacia alguien a quien desees enviar amor o expandirlo hacia el exterior, en todas las direcciones para el beneficio de todos los seres. Tu corazón es un espacio inmenso y, cuando hay comprensión en ti, el amor puede brotar. Tu amor lo inunda todo y cada contenido mental irradia amor generoso. Cuando riegas la semilla de la amabilidad bondadosa en tu mente, esta se expande en todas las direcciones y aparecen las condiciones favorables para que el amor se exprese en todo su esplendor. Cuando actuamos desde la amabilidad en nuestra forma de pensar, hablar y actuar, el corazón se ensancha y se sana de percepciones erróneas y bloqueos. El amor es la semilla más nutritiva que podemos cultivar en nuestra vida.

Cuando expandes el amor que eres, tu felicidad brilla lejos. No hay nada ni nadie que pueda interponerse ante el amor que nace de ti. Si te dejas sosegar por el fluir de tu respiración consciente, la semilla del amor brotará suave de tu corazón y te mostrará tu verdadera naturaleza. En esa expansión, la felicidad es posible, sean cuales sean las circunstancias externas. La felicidad es posible si somos capaces de despertar a nuestra verdadera naturaleza en el momento presente. Solo en el momento presente alcanzamos a divisar la belleza del amor que está en nosotros y a nuestro alrededor cuando contemplamos profundamente el milagro de la vida desplegándose en sí misma. La felicidad es posible aquí y ahora. Hacer que se manifieste es el milagro que solo tú puedes expresar.

Al inspirar, de mi cuerpo brotan mil brazos
en acción de gracias.
Al espirar, mi compasión alivia el sufrimiento ajeno.
Mil brazos en acción de gracias;
mi compasión, aliviando el sufrimiento ajeno.

Ahora enfocas tu atención en la totalidad de tu cuerpo y visualizas que de él brotan mil brazos en acción de gracias, en actitud de servicio hacia todos los seres que están en necesidad. Tal vez alguna vez hayas contemplado la imagen del Buda de la Compasión, desplegando un sinfín de brazos, como símbolo de estar en disposición de proveer ayuda y sostén incondicional a todos por igual, como un verdadero *bodhisattva*,* que ofrece su vida y aspiración para el beneficio de todos los que desean despertar al milagro de su verdadera naturaleza. La contemplación de la imagen de ti mismo en actitud de servicio es muy poderosa. Tu cuerpo se abre, y de ti se expande un corazón generoso, abierto a la vida, en actitud de servicio, como una llama luminosa que brota ante cualquier condición que se presente.

Tu acción compasiva te coloca de frente ante el sufrimiento ajeno y, con tu bondad amorosa, alivias el dolor y la desazón, como un gran sol que propaga su luz y amor infinito. Cuando hacemos surgir esta imagen y meditamos en ella, notamos que la semilla de la compasión crece en nosotros. En nuestro interior está la habilidad de aliviar y actuar generosamente para reducir el sufrimiento y el malestar de los demás. Nuestro corazón se ensancha tanto que nuestra mera presencia es curativa para aquellos que nos rodean. Cultivar un corazón compasivo favorece la sanación de las heridas en uno mismo y en los demás de una forma flexible y saludable. Nuestra propia sanación se convierte en la sanación del mundo. Si practicamos la meditación enfocados en la semilla de la compasión, muchos seres se beneficiarán a nuestro paso.

---

* *Bodhisattva* es un término propio del budismo que alude a alguien que practica el camino del Buda y busca la iluminación no solo para su beneficio, sino para el beneficio de todos los seres.

Al inspirar, de mi mente aflora una fragancia fresca.
Al espirar, mi alegría es un manantial de aguas claras.
Aflorando una fragancia fresca;
mi alegría, un manantial de aguas claras.

Thich Nhat Hanh nos dice que el amor sin alegría no es verdadero amor. La alegría es una fragancia fresca que aflora en nuestra mente y esparce belleza, naturaleza y espontaneidad por doquier. Sin alegría, el amor no puedo florecer. Cuando regamos las semillas de la frescura y la alegría en nuestra mente, el resultado es la explosión de una fragancia que inunda nuestra conciencia impregnándolo todo a través de nuestros sentidos. El simple hecho de respirar en plena consciencia nos aporta alegría y bienestar. La alegría es la base de la felicidad y de la creatividad. Cuando surge de nosotros, nuestra aspiración es más brillante y nuestras acciones ofrecen plenitud.

La alegría puede brotar en nuestra mente cuando contemplamos un manantial de aguas claras. El suave sonido del agua fluyendo refresca nuestra sonrisa y la claridad de esta purifica nuestra mente. Cuando reflejamos las cosas tal como son, a través de un manantial de aguas claras, observamos la realidad en su estado más puro y sencillo, y la alegría brota gozosa y confiada.

Al inspirar, mi inclusividad abraza el universo entero.
Al espirar, mi conciencia es un espacio eterno.

Mi inclusividad, abrazando el universo entero;
mi conciencia, un espacio eterno.

El amor que albergamos en nuestro corazón, si es cuidado suavemente, guiado apropiadamente y ofrecido al servicio del bien, puede ensancharse, más y más, hasta hacerse cada vez más amplio e inclusivo a todos los seres vivos. Ofrecemos amor a los seres más próximos y así, gradualmente, ampliamos nuestra comprensión y compasión, en forma de círculos concéntricos, a todos los seres, a los que están cerca y a los que están lejos; a los humanos; a los animales; a las plantas y a los minerales. Que a todos alcance nuestro amor generoso y sin reservas. Este amor incondicional, que todo lo abraza, es una corriente de aguas fluidas que, siguiendo su propio sendero noble, no hay obstáculo que la perturbe, ni dirección que la desvíe. El universo es el objeto de nuestro amor, y nuestro amor es el objeto del universo. Cuando tu visión es clara y serena, la conciencia que se manifiesta es un espacio eterno en el que no existe separación entre el amante y el amado. El universo es amor en sí mismo a través de la manifestación de tu respiración consciente.

18

Cinco simientes de amor

Las cinco simientes de amor están inspiradas en las enseñanzas del amor y, más concretamente, en los cinco mantras
que Thich Nhat Hanh ofreció para reconocer la presencia del
ser amado y para que todos seamos capaces de renovar el
vínculo amoroso y el afecto que nos une. Cada mantra,* al
ser pronunciado y ejercitado en el día a día con el ser amado,
restablece nuestra plena consciencia y favorece la comprensión y la armonía. Los cinco mantras del maestro zen Thich
Nhat Hanh son: 1) estoy aquí para mí; 2) estoy aquí para ti;
3) sé que estás ahí y eso me hace muy feliz; 4) sé que estás
sufriendo y por ello estoy aquí para ti, y 5) estoy sufriendo, por favor, ayúdame. Cuando pronunciamos estas frases
desde nuestra energía de comprensión y amor en situaciones
habituales del día a día, demostramos que valoramos pro-

---

* Un mantra es una frase corta que contiene una enseñanza.

fundamente a la otra persona, y renovamos nuestra atención consciente. Asimismo, en ocasiones, el orgullo nos impide expresar nuestro sufrimiento al ser amado, o nuestra ceguera y falta de atención nos distrae de estar plenamente presentes para el sufrimiento del otro. En estas circunstancias, las cinco simientes nos ayudan a desarrollar la comprensión en nuestro interior para que aflore el respeto y la confianza en el corazón de nuestros vínculos afectivos.

Esta meditación recoge cinco simientes en base a los cinco mantras del amor de Thich Nhat Hanh y las adapta para su adecuada formulación. Si deseamos estar presentes para las personas que amamos, antes hemos de estar presentes para nosotros mismos. Cuando despertamos nuestra propia presencia, esta tocará a nuestro ser amado profundamente. Los cinco mantras son frases esenciales para recordar y poner en práctica en el día a día de nuestras relaciones personales, con el fin de desarrollar nuestro amor y desplegar nuestra genuina presencia. Practicarlos, a través de la meditación guiada, nos orientará a ampliar la voluntad y a interiorizarlos con una mayor aspiración y determinación en nuestra vida diaria.

Al inspirar, estoy aquí para mí.
Al espirar, me amo sin condiciones.
Aquí para mí,
sin condiciones.

Estar presente para ti misma es el mejor regalo que te puedes ofrecer. Sin tu propia presencia y amor incondicional no puedes ser feliz. Cuando respiras con plena consciencia accedes al propio hogar de ti misma en que te reencuentras con tu verdadera presencia y claridad interior. Allá estás a salvo de las turbulencias externas y de la energía del hábito que a menudo nos sorprende en el día a día. Cuando volvemos a nuestro verdadero hogar en el momento presente, nos ofrecemos el cuidado, el afecto y la ternura que nadie mejor que nosotros puede ofrecernos. Si habitas el hogar de ti misma a cada momento; si aprendes a cuidar de la calidez de tu presencia, la belleza brotará a tu alrededor y tu alegría se expandirá por todo tu ser.

No necesitas ser perfecta o cumplir tus propias expectativas para amarte sin condiciones. Por ser quien eres, ya eres una joya preciosa. Por el simple hecho de estar viva, eres un milagro de la naturaleza. Si te amas tal como eres, sin expectativas, sin condiciones, sin titubeos, tu corazón será sólido y te convertirás en una antorcha para todos los que te rodean y encuentran en ti un refugio en que cobijarse.

Al inspirar, estoy aquí para ti.
Al espirar, te amo sin condiciones.
Aquí para ti,
sin condiciones.

Cuando estás presente para ti misma, hay más espacio en ti para las personas que amas. Si aprendes a cuidar de ti, cuidarás mejor de los demás. Creemos estar convencidos del amor que sentimos por nuestros seres queridos, pero, en el compartir diario, no somos capaces de ofrecer un tiempo de escucha profunda y sincera, o simplemente un espacio calmado basado en el aprecio y la genuina compañía. Cuando despiertas tu verdadera presencia, iluminas la presencia del otro y desprendes el aroma de la flor que eres tú. La comunicación consciente es un puente que refleja nuestra sabiduría y bienestar, y es la manera más eficaz de despertar la belleza en las personas que amamos. Si no estás presente para la persona que amas, por tu falta de atención y dispersión, al amor le costará florecer.

Cada segundo es un milagro cuando estás plenamente abierto a la presencia del otro. De esta forma muestras que amas a tu ser amado sin condiciones, tal como es. Le amas en libertad, sin expectativas ni reservas. Cuando estás presente para tus seres queridos, tu presencia es tu verdadero amor.

Al inspirar, sé que estás ahí.
Al espirar, esto me hace muy feliz.
Estás ahí,
soy feliz.

Eres consciente de que tu ser amado está ahí, plenamente para ti, y tú estás ahí, plenamente para él. No estás ausente, sino que habitas el momento presente de su verdadera presencia que es él ante ti. Esta toma de consciencia te hace libre de amar de verdad. Tu verdadera presencia es un tesoro para los demás. Al darte cuenta de que la persona amada está ahí, en todo su esplendor para ti, te sientes muy feliz. Sentir la presencia del ser amado a tu lado es digno de celebración. Nuestra vida es impermanente y cada instante es un milagro que reverenciar. Disfrutar de la oportunidad de sentir al otro a tu lado, respirando conscientemente para alumbrar vuestro verdadero amor, es una maravilla por la que sientes mucha gratitud. Tu ser amado está ahí, y esto es un milagro.

Al inspirar, sé que estás sufriendo.
Al espirar, por ello estoy aquí para ti.
Estás sufriendo,
estoy aquí para ti.

El mejor cuidado que podemos ofrecer a las personas que amamos es estar presente cuando sufren. Es fácil huir cuando las cosas no van bien. Pero si estamos presentes y ofrecemos un espacio de escucha profunda y de acompañamiento consciente a la persona amada cuando está herida, esto la reconfortará y se sentirá aliviada incluso en el dolor. Escuchar profundamente y dar espacio al otro para que exprese su sufrimiento sin ser juzgado es un gran bálsamo. Cuando reconoces que tu ser amado sufre y expresas tu verdadera presencia para que pueda llorar o aliviar su dolor, se abre una puerta para que el sufrimiento pueda sanarse y transformarse. Muchas veces tendemos a huir cuando nuestro ser amado sufre por no tener herramientas con que gestionar el dolor del otro. Creemos que ese dolor nos dañará. Esta actitud provoca que el otro se encierre en sí mismo y el rencor crezca en su interior. Sin embargo, si nos abrimos con compasión y ternura para que el ser que más amamos pueda expresar su dolor ante nuestro estado de presencia, el amor entre los dos crecerá, y, cuando nosotros suframos, él también estará capacitado para despertar su presencia ante nuestra herida. Nuestra intención mueve nuestra energía de amor.

> Al inspirar, estoy sufriendo.
> Al espirar, por favor, ayúdame.
> Estoy sufriendo;
> por favor, ayúdame.

Cuando nos sentimos heridos, tendemos a encerrarnos en nuestro propio caparazón. Lo último que deseamos hacer es compartir nuestro dolor con la persona amada, y aún más si es ella la que nos ha herido. La práctica consiste en dejar el orgullo a un lado y expresar el sufrimiento cuando la intensidad del dolor se haya aminorado. Sin culpar al otro, te acercas, y le expresas que estás sufriendo. Quizás él no se haya percatado de tu malestar, y el sufrimiento crezca en ti de tal modo que te lleve a encerrarte en ti misma, guardando un rencor que irá creciendo. Debes evitar a toda costa encerrarte en ti misma. Cuando te atreves a abrirle, con suavidad, la puerta del dolor a la persona que amas, ofreces la oportunidad al otro de que te escuche atentamente y de que se abra un espacio entre vosotros para comenzar de nuevo. Con todo tu amor, le pides que por favor te ayude. Quizás la intensidad de tu sufrimiento te impida encontrar el modo adecuado de acercarte al otro. Sin embargo, al pedirle su ayuda, el otro encontrará la manera de hacerte sufrir menos y estar presente para aliviar tu dolor.

Si aprendemos a expresar el sufrimiento con amor y compasión, y a estar presentes para nuestros seres queridos cuando sufren, lograremos transformar las heridas, y la confianza se asentará en el seno de nuestras relaciones. Tu presencia sólida es un refugio cálido para tu verdadero amor.

19

Semillas de comprensión y armonía en familia

El núcleo familiar es una comunidad afectiva y, conjuntamente o por separado, hemos de entrenar nuestra mirada profunda para favorecer la armonía, la paz y el amor. Se hace necesario ejercitar el hábito de desarrollar la comprensión y la armonía en el día a día con nuestros seres queridos. Existen numerosas oportunidades para observar profundamente y practicar el hábito de cultivar nuestra comprensión y cuidado hacia los demás, empezando por nosotros mismos. A través de esta meditación guiada, practicarás la atención consciente a miembros específicos de tu familia, como tu pareja, tus hijos, o incluso a toda la comunidad familiar, para cultivar las maneras de comprenderlos mejor, regar las semillas de armonía y afecto, y aliviar sus dificultades. Todos nos merecemos ser felices. Con tal objeto, necesitamos proponer espacios en familia para regar las semillas de los seres que amamos de manera intencionada, practicar la mirada comprensiva, y aliviar su sufrimiento en el día a día. Así, plantaremos semillas de convivencia y afecto en la comunidad familiar. Empezamos por respirar con plena consciencia, restaurar nuestra calma interior y observar sin juicio para apoyar a los demás a que habiten la armonía en su cuerpo, mente y conciencia.

Regar la semilla de la comprensión es nutrir la capacidad, de manera intencionada, de conocer más profundamente nuestra propia naturaleza y la de los demás. Así, cultivamos la sabiduría y restablecemos la armonía en nosotros mismos, con los demás y con el planeta. Con el deseo de despertar nuestra comprensión, ejercitamos la voluntad de dejar nuestras creencias u opiniones a un lado, nuestro yo más férreo, para observar y escuchar profundamente sin juicio o percepciones erróneas basadas en interpretaciones que hemos coloreado según nuestros valores. Así, penetramos en la realidad para ver las cosas tal como son. Cuando dejamos nuestras creencias a un lado para observar con más discernimiento, nos sorprendemos al hacer nuevos descubrimientos que de golpe nos aportan una mirada nueva, más clara y profunda. Esto nos permite empatizar con nuestros seres queridos y ofrecer nuestra ayuda desinteresadamente y de forma más creativa, basándonos en la realidad que deseamos comprender. Sentirse comprendido es maravilloso y favorece la armonía. Cuando deseamos comprender de verdad a alguien, surge en nuestro interior el amor y el cuidado por el otro.

El maestro Thich Nhat Hanh expresa que sin comprensión no hay verdadero amor. Si deseas cuidar de tu pareja, de tus hijos y de tus seres más queridos, puedes comenzar por comprender más profundamente cómo son, cómo piensan y qué puedes hacer tú para que todos se sientan protegidos y seguros. Al final todos deseamos sentirnos reconocidos y valorados. Aun así, siempre existirán personas en nuestra vida que nos será más difícil comprender. Esta meditación guiada te invita a mirar profundamente y ponerte en el lugar de los seres queridos con los que tienes más dificultad en comprender y aceptar como son. Formamos parte de una sociedad diversa y tenemos razones para pensar de forma diferente. Cuando tienes la intención de comprender al otro, abres tu corazón plenamente y tu mente se hace flexible como una caña de bambú. El respeto es la base de la comprensión y del amor. La consecuencia es la armonía y la felicidad.

Al inspirar, soy consciente de mi día en familia.
Al espirar, me comprometo a regar las semillas
de comprensión y armonía a lo largo del día.
Consciente de mi día en familia,
comprometido a regar las semillas de comprensión
y armonía.

Hoy es buen día para vivirlo con plena consciencia y alegría. Te comprometes a que tu día sea especial y a que tu principal propósito sea estar presente y aceptar a los demás tal como son.

Estás determinado a ampliar tu comprensión y a mirar a todos tus seres queridos en este día desde la apertura y el no juicio. Con esta intención, ejercitas la observación y la escucha profunda para conocer claramente cómo son, cómo piensan, qué dicen, cómo actúan, qué les hace felices y qué les aporta alegría. Si hallas dificultad en practicar con algún miembro de tu familia, te puede ayudar pensar que si tú estuvieras en su piel probablemente actuarías y pensarías como él. Escuchar y contemplar sin juicio te ayuda a apreciar a los demás tal como son, averiguar cómo son realmente y crear puentes de comunicación que promuevan la felicidad, el afecto y la armonía. Esta podría ser tu manera especial de cultivar el cariño y la convivencia con los demás. Cuando comiences a regar las semillas de comprensión y armonía en los demás, tu alegría y energía penetrarán en sus corazones. Asimismo, los demás regarán las semillas de comprensión y armonía en ti. Entre todos, con amor, construiremos una comunidad familiar más bella y bondadosa.

Al inspirar, soy consciente de mí mismo.
Al espirar, me comprometo a regar las semillas
de comprensión y armonía en mí.
Consciente de mí mismo,
comprometido a regar las semillas de comprensión
y armonía.

Tú eres la persona más importante de tu vida. Por ello te mereces tomar aire fresco y sentir que estás viva. ¿Cómo pretendes desarrollar tu comprensión y armonía hacia tus seres queridos si primero no empiezas por comprenderte y aceptarte tal como eres? Te propones que hoy no te vas a juzgar. Vas a respetarte y escuchar con atención las palabras que te dices a ti misma en tu interior o las que proyectas al interaccionar con los demás. Tratas de observar profundamente para reconocer qué surge en tu mente, en tu cuerpo y en tu entorno. Tú eres quien más necesita de tu propia comprensión. Cuando te conoces mejor, el aprecio hacia ti se fortalece y la armonía brota en ti y a tu alrededor.

Al inspirar, soy consciente de mi pareja.
Al espirar, me comprometo a regar las semillas
de comprensión y armonía en él.
Consciente de mi pareja,
comprometido a regar las semillas de comprensión
y armonía.

Quizás haya surgido alguna dificultad entre tu ser amado y tú, o simplemente deseas regar y fortalecer las semillas de la armonía entre los dos. Focalizas tu atención consciente en tu amado o en alguien querido que desearías comprender mejor o que necesita de tu comprensión. Al tomar consciencia de tu pareja, lo llevas a tu estado de presencia sin emitir juicio alguno. Si aun así surgen juicios en tu mente, los reconoces, los aceptas tal como aparecen y los sueltas, dejándolos a un lado. Con tu estado de presencia, sigues iluminando a tu ser amado en cada inspiración.

Estás determinada a hacer brotar tu mente bondadosa y flexible para reconocer, aceptar y comprender con más profundidad su manera de pensar o actuar. Tu intención sincera es de apertura total. Este claro compromiso en el que reafirmas tu meditación puede ayudarte a fortalecer tu plena consciencia y regar las semillas de comprensión y armonía con más diligencia cuando vuelvas a retomar el contacto con tu pareja o ser querido.

Al inspirar, soy consciente de mis hijos.
Al espirar, me comprometo a regar las semillas
de comprensión y armonía en ellos.
Consciente de mis hijos,
comprometido a regar las semillas de comprensión
y armonía.

Eliges a uno de tus hijos o a todos por igual y, de igual manera que se sugería en la estrofa anterior, iluminas con tu presencia a tu hijo o hija amada mientras inspiras conscientemente y lo observas en profundidad.

Te comprometes a ampliar tu visión clara y flexible en relación con tu hija o hijo. Una vez que los has mantenido presentes en tu meditación, cuando vuelvas a contactar con ellos, percibirás si tu intención de comprensión y armonía varía cualitativamente en tu trato y relación habitual.

Al inspirar, las semillas de comprensión y armonía
son más sólidas en mí.
Al espirar, las semillas de comprensión y armonía son más sólidas en mi familia.
Semillas de comprensión y armonía más sólidas en mí,
semillas de comprensión y armonía más sólidas en mi familia.

En este punto incluyes a todos los seres queridos que forman parte de tu comunidad familiar. Imaginas vivamente a toda tu familia y el ajetreo matutino de una mañana cualquiera. Te paseas con tu imaginación por toda tu casa y visualizas a todos tus miembros queridos, mayores y pequeños, que forman parte de tu pequeña comunidad familiar. Qué maravilloso es apreciarlos mientras cierras los ojos e inspiras profundamente.

Cuando espiras, te comprometes a regar las semillas de comprensión y armonía en toda tu familia. Todos los seres que componen tu comunidad familiar son dignos de comprensión y armonía. Los incluyes a todos por igual y tu corazón se inunda de afecto y armonía. Tu comprensión se expande lejos en todas las direcciones y rincones de tu comunidad familiar, y esto te nutre muy profundamente. La sensación de expansión y amplitud en tu pecho te llena de paz y júbilo. Al cultivar la comprensión y armonía en tu entorno, plantas semillas de amor en tu interior.

Al inspirar, soy consciente de toda la comunidad familiar.
Al espirar, me comprometo a regar las semillas
de comprensión y armonía en ella.
Consciente de toda la comunidad familiar,
comprometido a regar las semillas de comprensión
y armonía.

Las semillas nutritivas que riegas en tus seres queridos crecen con más energía y vigor en ti. Plantar semillas es la práctica más amable para que nuestra mente se desarrolle sana y feliz. Lo que ofreces a los demás te lo ofreces irremediablemente a ti mismo. El ejercicio de esta meditación guiada contribuye a crear más sintonía entre tú y los miembros de tu familia y a que las redes afectivas en tu comunidad afectiva sean más estrechas, amorosas y sanas. Si con nuestra presencia plantamos una minúscula semilla para que la armonía aflore en nuestras familias, todos nos beneficiaremos, y juntos, mayores y pequeños, crearemos una comunidad más comprensiva y armoniosa. Las familias felices cambian el mundo.

TU HOGAR ES EL CAMINO

20

Cultivando las semillas
de la aspiración profunda

Cuando conectas con tu verdadera aspiración, se revelan las condiciones óptimas para que tu deseo profundo se exprese en el mundo. Esta meditación guiada nos lleva hacia la conexión profunda con nuestra verdadera aspiración de vida, que solo puede tener cabida en el momento presente. Tal vez nuestra aspiración sea clara, pero esté nublada por percepciones erróneas o condiciones tóxicas que hemos nutrido en nuestra conciencia y no son las adecuadas para nuestra felicidad y bienestar. O, quizás, aún no hayamos descubierto la llama de la aspiración. En cualquier caso, si residimos en un estado de calma y plena consciencia, abiertos al susurro de la intuición genuina, confiamos en que, con paciencia y a su debido tiempo, nuestra aspiración profunda brotará como una hermosa flor. La fe en la práctica de irradiar el sol de la plena consciencia iluminará nuestro deseo o aspiración profunda de vida. Cuando abrimos nuestros sentidos al canto de los pájaros, ellos nos susurran la canción de nuestra auténtica misión. Cuando nos dejamos mecer por la ondulación de las olas del mar, ellas nos embarcan en el camino de nuestro ser. Si estamos atentos y en silencio, en unidad con las condiciones maravillosas de alegría y felicidad que a cada segundo nos envuelven, escucharemos el verdadero mensaje de nuestra aspiración profunda más genuina.

Al inspirar, me refugio en la plena consciencia
en mi corazón.
Al espirar, abrazo con ternura la plena consciencia
en mi corazón.
Refugiándome en la plena consciencia en mi corazón,
abrazándola con ternura.

En el espacio de refugio de la plena consciencia en tu corazón puedes acceder a la paz de ti mismo. Cuando resides en ese espacio de plenitud, la calma serena tus sentidos y tu cuerpo descansa en el hogar de sí mismo. Abrazas con ternura la energía de plena consciencia que descansa en tu corazón, allá donde el amor irradia luz y claridad. En ese espacio de calma de tu inspiración y espiración, viajas en una eterna danza hacia ti mismo.

Al inspirar, reconozco las semillas de mi aspiración profunda.
Al espirar, confío en la energía bondadosa que aflora
en el momento presente.

Reconociendo las semillas de mi aspiración profunda,
confiando en la energía bondadosa que aflora
en el momento presente.

En el espacio profundo de tu inspiración y espiración, haces brotar las semillas de tu aspiración profunda. Tu deseo profundo brota en la mente en forma de semillas y tú las riegas a través del suave palpitar de tu corazón sereno. Cada latido gozoso es un rayo de sol que ilumina tu deseo más profundo, y las semillas se fortalecen con tu bella sonrisa de alegría y gratitud. Confías plenamente en la energía bondadosa que aflora en el momento presente. Solo en el momento presente tu dedicada aspiración, que es un suspiro de amor en el mundo, puede florecer y expandirse. El momento presente te aporta los nutrientes beneficiosos para regar la fe en tu aspiración. Cuando reconoces y confías, riegas la energía bondadosa de tu aspiración que, con tu amor pleno, expresa sus dones en el mundo.

Al inspirar, riego las semillas beneficiosas en mi mente.
Al espirar, me abstengo de regar las semillas nocivas
en mi mente.
Regando las semillas beneficiosas en mi mente,
absteniéndome de regar las semillas nocivas en mi mente.

La voluntad de regar las semillas saludables en nuestra conciencia nos conduce a una dirección beneficiosa para nuestra vida. Si nos comprometemos a cultivar la intención de hacer florecer en la mente semillas que promuevan la paz y la armonía, nuestra verdadera aspiración y deseo profundo se beneficiarán sobremanera y nuestras expresiones se volverán una lámpara para los demás. Cuando confiamos en regar las semillas saludables, nuestros deseos se nutren de gratitud y alegría profunda. Cada pensamiento, palabra y acción es una semilla estimulada por el deseo de tu aspiración que se expresa en cada paso que ofreces amorosamente al mundo. Del mismo modo, te abstienes de regar las semillas nocivas en tu mente para no enturbiar tu aspiración. Cuando una semilla difícil brote en tu mente, el mero reconocimiento te ayudará a aceptarla, calmarla y soltarla para que en su lugar decidas hacer brotar una semilla beneficiosa en tu conciencia. Tu acción diligente te conducirá por el camino que más sabiamente exprese tu corazón.

Al inspirar, siento la alegría de estar vivo.
Al espirar, la fe en la plena consciencia nutre mi aspiración.
Alegría de estar vivo,
la fe en la plena consciencia nutriendo mi aspiración.

Cuando estás en contacto con las condiciones de felicidad que hay en ti y a tu alrededor, te pones en sintonía con tu energía de aspiración. Solo es posible nutrir la aspiración cuando estás conectada con la alegría de los elementos beneficiosos que están disponibles en cada mirada ofrecida desde la compasión y la claridad. Sentir la alegría de estar viva es la ofrenda más preciada que puedes celebrar. Cuando sientes la vida que corre a través de tus venas, en el latido agradecido del corazón, en la escucha gloriosa del canto de un pájaro por la mañana, no puedes menos que celebrar la alegría de estar viva. Si estás viva en cuerpo y alma, tu aspiración profunda se manifiesta a cada instante. No es una utopía, sino algo muy tangible que haces posible cuando despiertas de tu estado de letargo y eres consciente de que la vida es un milagro y las cosas buenas son posibles aquí y ahora. Tu fe en la plena consciencia alimenta tu aspiración y deseo más profundo. Si estamos disponibles para la vida, nuestra aspiración es energía despierta que puede expresarse libremente en cada pensamiento, palabra y acción ofrecida al mundo desde la intención y la vocación consciente. Tus deseos son órdenes cuando estás en sintonía con el cosmos que, a cada segundo, te susurra las leyes de su más sabia naturaleza. Cuando tu fe es transparente como un lago en calma, las condiciones maravillosas surgen de tu corazón y el cosmos se abre ante ti en toda su magnitud.

Al inspirar, hoy es un día maravilloso.
Al espirar, hoy hay condiciones suficientes de felicidad
para desplegar mi aspiración.

Día maravilloso,
condiciones suficientes de felicidad
para desplegar mi aspiración.

Cada día es una nueva oportunidad que se nos presenta para reverenciar nuestra aspiración y deseo profundo. Todos somos seres maravillosos manifestados en esta condición de vida para expresar nuestro potencial y aspiración. No podemos escapar de ser nosotros mismos y hacer resplandecer nuestra belleza plenamente como seres humanos. Cuando accedemos a nuestra genuina naturaleza, que está arraigada en la vida, la fuente de nuestra belleza irradia hacia todas partes y nuestra aspiración es vivir en armonía y hacer de este mundo un espacio más amoroso, en el que la comprensión verdadera es nuestro deseo más preciado. Cada día es una nueva oportunidad para desplegar tus alas de la plena consciencia y manifestar tu deseo más sincero y comprometido. Hoy hay condiciones suficientes de felicidad para desplegar tu aspiración y caminar por el sendero de la armonía y el amor. Tu aspiración brota en cada respiración que intercambias con la vida a cada instante.

21

Tus palabras son tu verdadera transmisión

Ser consciente de la intención y presencia de las palabras con las que interactuamos en el día a día nos encauza en el camino de sanar los pensamientos y percepciones para que nuestro mensaje sea más profundo y brille con más esplendor. Nuestras palabras están cargadas de la energía del hábito que hemos acumulado por falta de plena consciencia y comprensión. Cuando miramos profundamente en nuestras percepciones y aquietamos el vaivén de las olas de nuestra mente, nos abrimos a la presencia que irradiamos desde nuestro interior. Esta meditación guiada nos brinda la oportunidad de adentrarnos en la contemplación profunda de las palabras que pronunciamos en un día de nuestra vida. Las palabras son nuestra verdadera transmisión. Los pensamientos son la antesala. Y las acciones son el desenlace. Si atiendes a la energía y presencia de tus intenciones, la plena consciencia guiará tus palabras en una dirección que promueva la paz y la armonía.

En esta práctica de meditación nos enfocaremos en la vibración que evocan las palabras esperanzadoras, neutras y nocivas que transmitimos en un día cualquiera de nuestra vida para que, con nuestra atención y energía de plena consciencia y concentración, las contemplemos profundamente y, así, transformemos las semillas que yacen en lo más profundo de nuestra conciencia.

> Al inspirar, soy consciente de mi clima interior
> en el día de hoy.
> Al espirar, contemplo la energía de mi clima interior
> con curiosidad.
> Consciente de mi clima interior,
> contemplando la energía de mi clima interior con curiosidad.

En la calma del espacio meditativo nos abrimos a nuestro clima interior del día de hoy. Enfocamos la atención en la energía que brota de nuestro interior y nos abrimos al parte meteorológico de nuestro cuerpo y mente. Este trasciende en base a las sensaciones, percepciones y formaciones mentales que albergamos en nuestro escenario mental.

En contacto con tu clima interior enfocas la atención en las sensaciones y percepciones tal como surgen, con curiosidad, con apertura y sin juicios. Te dejas sentir plenamente sin enredarte en el hilo conductor de juicios, opiniones o divagaciones mentales. Cuando te abres con plena aceptación y claridad, puedes contemplar tu clima en todo su esplendor: si hay nubes a punto de ponerse a llover, un sol resplandeciente que ilumina el escenario de tu mente o una tormenta tempestuosa que se avecina. Cualquier condición puede manifestarse. Sin embargo, la luz generada por la plena consciencia masajea tu clima emocional y puedes ver con claridad.

Al inspirar, soy consciente de mis palabras en el día de hoy.
Al espirar, contemplo la energía de mis palabras
con curiosidad.
Consciente de mis palabras,
contemplando la energía de mis palabras con curiosidad.

El día a día se compone de una sucesión de mensajes que vamos emitiendo, muchas veces inconscientemente o, por estímulos externos, sin tomar consciencia real del valor de la palabra. Cuando tus palabras se convierten en una reacción mecánica al medio externo, no estás desprendiendo tu energía más bella y cultivada. Ser consciente del valor de la palabra y enraizarte en tu propia isla de paz y de presencia te ayuda a conectar tu habla con la energía saludable que te inspira interiormente. Cuando te estableces en tu propia isla pacífica, las palabras brotan de la energía de plena consciencia que habita en tu interior y las bellas semillas que yacen en tu mente emergen como flores de tu conciencia.

En el día de hoy vas a ser consciente de todo lo que expresas, cómo lo expresas y cómo resuenan tus palabras en tu interior y en los demás. Al establecerte en tu propio centro, desarrollas la atención plena y te abres a la energía que despliegan tus palabras. Hoy vas a estar presente para ellas.

Cuando reconoces tus palabras abiertamente, observas sin juicio alguno con profundidad y con apertura. Esta práctica de observación, te ayuda a verte tal cual eres y a aceptarte con todo tu amor y comprensión. Aprender a mirar profundamente es un paso necesario para aceptarte de manera incondicional y caminar hacia la transformación y sanación de ti misma. Seamos observadores conscientes de nuestra energía del hábito. Hagámosla consciente, para que, cuando se manifieste en nuestra mente, sea acariciada amorosamente por la energía renovadora de la paz.

Al inspirar, soy consciente de las palabras pronunciadas
en el día de hoy que transmiten optimismo y esperanza.
Al espirar, mi corazón refleja amabilidad.
Consciente de las palabras que transmiten optimismo
y esperanza,
mi corazón reflejando amabilidad.

Cuando nuestras acciones están impulsadas por la energía del hábito, los días se sucedan uno tras otro sin haber actuado desde la voluntad y aspiración profunda de nuestra energía más plena. Así, nos hacemos conscientes de las palabras, conversaciones o interacciones mantenidas en el día de hoy en las que hemos sembrado optimismo y esperanza. Procuramos que la energía sanadora de nuestra intención se expanda suavemente en el corazón de las personas que nos escuchan o con las que entramos en contacto.

Permites que tus palabras o conversaciones acaricien tu mente consciente y, con ellas, regamos las semillas sanadoras y renovadoras en nuestra mente y corazón. El corazón se deja mecer por las palabras amables que hemos pronunciado en el día de hoy, y en él se refleja la alegría y la esperanza.

Al inspirar, soy consciente de las palabras pronunciadas
en el día de hoy que son funcionales y neutras.
Al espirar, me dispongo a expresarlas con más cuidado
y plena consciencia.
Consciente de las palabras funcionales y neutras,
dispuesto a expresarlas con más cuidado y plena consciencia.

Buena parte de las palabras que comunicamos en el día a día tienen un tono funcional y neutro. Por ejemplo, atendemos a necesidades básicas o recurrimos a aspectos que percibimos como banales, simples o prácticos cuando pagamos la compra en la caja del supermercado, cuando enviamos una factura a una empresa o cuando pedimos a nuestra pareja que nos pase el mando de la televisión. Tendemos a obviar la esencia genuina de las transacciones habituales del día a día creyendo erróneamente que las interacciones significativas se encuentran en espacios o condiciones más privilegiados. Sin embargo, cada instante es un milagro y una nueva oportunidad para expresar tu intención de llevar la esperanza y la amabilidad bondadosa a todos los rincones. Cada mera interacción es una oportunidad que la vida te ofrece para irradiar tu presencia y reflejar en el otro tu verdadera naturaleza. No esperes a circunstancias especiales, pues no hay tiempo que esperar. El momento es el ahora. Cada único instante, cada única transacción es el escenario perfecto para despertar tu verdadera presencia y descubrir la belleza en el otro. No te pierdas ni un instante. No te olvides de ti misma.

En los momentos en que nos desesperamos ante las operaciones rutinarias, en que desearíamos huir para internarnos en escenarios decorados de espiritualidad o calidez, es cuando más requerimos de la voz de nuestra plena consciencia, que nos susurra que hemos de detenernos, respirar y abrirnos a la realidad de este momento, el único momento posible. Como nos sugiere Thich Nhat Hanh, «el reino es ahora o nunca». Si logras despertar a las palabras funcionales de su monotonía y hastío, y las conviertes en inspiradoras para los demás, estarás regando tu mente de bellas flores, y los demás florecerán a tu lado. No desprecies ningún instante. Cada instante es un diamante.

Al inspirar, soy consciente de las palabras pronunciadas
en el día de hoy que transmiten discriminación o violencia.
Al espirar, contemplo la energía que estas palabras evocan
en los demás.

Consciente de las palabras que transmiten discriminación
o violencia,
contemplando la energía que estas palabras evocan
en los demás.

Hay momentos del día en que, de nuestros labios, afloran conversaciones que lastiman, devalúan o hieren a los demás por falta de empatía, por no ponernos en su lugar o, sencillamente, por no ser conscientes de nuestra verdadera naturaleza de amor y sabiduría. Nos olvidamos de quienes somos y nos dejamos arrastrar por emociones reactivas, percepciones erróneas o pensamientos negativos. A veces, el estrés diario y la ansiedad nos alejan de nuestro verdadero centro y presencia ilimitada, y nos dejamos llevar por las circunstancias que nos rodean, sin saber incorporar nuestra visión clara a las situaciones del día a día. Este ejercicio te inspira a mirar con discernimiento las palabras, conversaciones o cualquier tipo de interacción que haya sido difícil en el día y que haya causado separación, discriminación o violencia. Al hacernos conscientes de nuestras aflicciones, evitamos regar la semilla de los hábitos nocivos en nuestra mente y en la conciencia de los demás.

La meditación nos invita a hacer brotar la energía de la plena consciencia para ver profundamente el efecto que nuestras palabras provocan en los demás. Toda acción conlleva una reacción. Si regamos las semillas difíciles en la mente de los demás, estos nos responderán con la misma moneda. No puede ser de otra forma. Darnos el tiempo para mirar profundamente y empatizar con las personas con las que nos solemos relacionar nos ayuda a observar sin juicio y con apertura y a abrir la puerta de la compasión. Solo cuando vemos y aceptamos la realidad tal como es, comenzamos a realizar una transformación en nuestros hábitos diarios y conciencia. Aprovechamos esta ocasión de la práctica para abrirnos más y observar con una mirada compasiva y espaciosa.

Al inspirar, soy consciente de las palabras pronunciadas
en el día de hoy que transmiten discriminación o violencia.
Al espirar, contemplo la energía que estas palabras
evocan en mí.
Consciente de las palabras pronunciadas que transmiten
discriminación o violencia,
contemplando la energía que estas palabras evocan en mí.

Tal vez la comunicación que mantienes con los demás sea respetuosa, pero no lo sea la manera en que te hablas a ti misma. Quizás te recriminas constantemente te juzgas o sostienes conversaciones imaginarias en que la venganza se convierte en la protagonista de tu película mental. Esto te hace un daño enorme, porque estás regando semillas nocivas en ti. Además, tarde o temprano, esa energía se proyecta hacia el exterior. La mente charlatana también genera una energía que no pasa desapercibida, y antes o después se proyecta en alguna dirección sin comprender sus razones. Cuando somos jardineros de nuestra propia mente y nos hablamos interiormente con palabras que inspiran esperanza y optimismo, emitimos un halo de belleza hacia el exterior que no pasa desapercibido. En tu interior está el poder para tu felicidad o amargura. Seamos diligentes y pulamos el diamante de nuestra mente.

En la práctica de meditación hazte consciente de cómo resuena el discurso discriminatorio o violento hacia ti misma. ¿Cómo te hace sentir? ¿Crees que solucionas algo? ¿Las palabras hirientes te hacen sentir bien? ¿Sientes malestar en tu cuerpo al hablarte así? ¿Eres capaz de reconocer que tu mente no puede parar, y tu actitud se ha convertido en un hábito recurrente? Es importante darse cuenta de la paranoia mental que riegas en ti; y ese darse cuenta es el primer escalón para detenerte, respirar, comprender y sanar. Al tomar consciencia, tal vez reconozcas que existen maneras más saludables para solucionar las dificultades o, sencillamente, te permitas soltar lo que te perjudica y te pesa, pues no está en tus manos resolverlo.

Al inspirar, me comprometo a cultivar la semilla
de la palabra consciente y bondadosa.
Al espirar, mis palabras son mi verdadera transmisión.
Comprometido a cultivar la semilla de la palabra consciente
y bondadosa;
mis palabras, mi verdadera transmisión.

Al permitirte mirar profundamente en las palabras nutritivas, neutras y nocivas del día de hoy, ya dispones de una mayor perspectiva y apertura para cultivar la semilla de la palabra consciente en el día a día. Has reconocido tus energías del hábito, y ahora te has hecho más consciente del poder de la atención con las personas que te generan más dificultad, en las situaciones que te causan dispersión o incluso en el modo de dirigirte a ti misma. Siempre existe la opción de escoger nutrir la diligencia y la voluntad para reconocer esas voces de ti misma, pararte, respirar y elegir otra vía más saludable. Si logras darte cuenta, estarás regando las semillas de la plena consciencia y la atención a cada instante, tu mente florecerá y tus palabras serán bellos frutos que germinan de tu conciencia.

Tus palabras son tu verdadera transmisión. Cuando haces presente tu aspiración profunda, deseas irradiar bellas semillas hacia todas las personas. No deseas herir o desanimar a nadie. Las palabras que proyectamos, cuando expresan nuestra auténtica presencia, pueden viajar muy lejos y transmitir tu verdadero mensaje de libertad. Cuando pones fe en la práctica de la respiración consciente, tu estado de presencia se abre como una flor y tu atención se enfoca en las palabras que transmiten amabilidad e inspiración. Cada instante, cada palabra, es una oportunidad única para transmitir tu bella continuación.

22

Empezando de nuevo

La práctica de empezar de nuevo del maestro zen Thich Nhat Hanh, que está recogida en sus numerosos libros, se estructura en: 1) regar las semillas; 2) expresar el arrepentimiento; 3) expresar la herida, y 4) pactar un acuerdo. En la meditación guiada que se ofrece a continuación, inspirada en la práctica de empezar de nuevo, se invita a practicar la reconciliación con una persona allegada con la que hemos tenido un conflicto o dificultad y con la que aún no hemos tenido la oportunidad de acercarnos y compartir los obstáculos. Antes de tener un contacto directo con la otra persona, esta meditación nos puede guiar en el camino de calmar y sanar las heridas que albergamos en nuestro interior y desarrollar condiciones más favorables para cuando tenga lugar el encuentro real con esa persona. En el espacio de meditación, siguiendo paso a paso las estrofas que se exponen a continuación, desarrollamos la observación profunda e investigación en la dificultad y la relación con la otra persona.

> Al inspirar, me refugio en la fuente sabia de mi inspiración.
> Al espirar, me refugio en la fuente sabia de mi espiración.
> Tomando refugio en mi inspiración,
> tomando refugio en mi espiración.

La respiración consciente es nuestro más preciado refugio en el hogar de nosotros mismos. Allí reina la armonía y la calma necesaria para mirar profundamente las formaciones que surgen en nuestra mente consciente. Si tenemos la habilidad de volver la atención a la energía de la respiración, estaremos en un espacio más seguro y protegido para ver con más claridad las dificultades que surgen en nuestra mente. En la fuente de nuestra respiración brota la sabiduría y el discernimiento adecuado para contemplar la realidad tal cual es. Ahí encontramos un espacio de refugio verdadero.

> Al inspirar, soy consciente de las semillas nutritivas
> que brotan en mi conciencia.
> Al espirar, confío en la sabiduría bondadosa de mi mente.
> Consciente de las semillas nutritivas,
> confiando en la sabiduría bondadosa de mi mente.

Todos albergamos semillas nutritivas y sanadoras en nuestra mente que favorecen que nuestra comprensión sea más equilibrada y armónica. Cuando deseamos mirar profundamente una cuestión embarazosa, calmar las percepciones difíciles de nuestra mente nos ayudará a ser conscientes de que también existen semillas sanadoras a nuestro alrededor, en todo momento. Este no es el camino que habitualmente seguimos. Más bien, hacemos lo inverso. Nos dejamos arrastrar por las dificultades, y estas nos ciegan y nos desvían del camino hacia las maravillas que se hallan en nuestro interior y a nuestro alrededor. De esta forma podemos observar la situación con más claridad y ecuanimidad.

Si sigues la senda correcta, puedes confiar en la energía bondadosa de tu mente, que siempre te apoya cuando está clara y serena. A veces no disponemos de todas las claves para solucionar las dificultades, y nuestra más digna acción es apartarnos a un lado y dejar que las semillas bondadosas de nuestra conciencia hagan su trabajo por nosotros. Si confiamos en el poder de la claridad y la bondad, nuestra visión profunda nos guiará hacia un camino amable.

> Al inspirar, soy consciente de las semillas nutritivas
> que brotan en la conciencia de mi amigo.
> Al espirar, confío en la sabiduría bondadosa de su mente.
> Consciente de las semillas nutritivas en mi amigo,
> confiando en la sabiduría bondadosa de su mente.

Así como nuestra mente nos apoya para guiarnos en el sendero de la bondad cuando nutrimos las semillas nutritivas, también la mente de nuestro amigo es de la naturaleza de la bondad. Confiamos en que en él habite un profundo deseo de comprensión, de bondad y de despertar de la ceguera de las percepciones erróneas. Confiamos plenamente en la capacidad de despertar y hacer manifestar las semillas nutritivas y sanadoras en la mente de nuestro amigo. Nos refugiamos en esa fe plena para que la comprensión y comunicación armoniosa brote entre los dos.

Al inspirar, riego las flores y expreso las bellas
cualidades de mi amigo.
Al espirar, reconozco las muestras de alegría
y agradecimiento que mis palabras inspiran en mi amigo.
Regando las flores de mi amigo,
reconociendo la alegría y el agradecimiento
que mis palabras inspiran en mi amigo.

Cuando la calma, la bondad y la confianza han brotado entre tu amigo y tú, en ti hay más espacio para regar las flores y expresar las bellas cualidades que observas en él. Expresas las cualidades de todo corazón porque tu mente es ecuánime y atiende tanto a las dificultades como a las virtudes. Esta práctica te orienta a no dejarte cegar por la estrechez y a mostrar al otro que confías en su capacidad de abertura.

Regar las flores es una práctica muy popular que se desarrolla habitualmente en el Centro de Práctica Plum Village del maestro zen Thich Nhat Hanh. Cuando regamos las flores y expresamos las cualidades de nuestro amigo, este se refresca y hay más espacio en él para no dejarse llevar por el rencor y el sufrimiento. Que los demás valoren nuestras cualidades con sinceridad es algo que nos reconforta y nos orienta hacia la templanza, la bondad y la armonía. Sentimos en el corazón las muestras de agradecimiento de nuestro amigo por las palabras que le hemos expresado. Estamos sentando las bases de una comunicación respetuosa para nuestra reconciliación.

> Al inspirar, soy consciente de mis pensamientos,
> palabras o acciones que han podido causar daño
> o dificultad en la relación con mi amigo.
> Al espirar, expreso mi parte de responsabilidad con ternura.
> Consciente de mis pensamientos, palabras o acciones
> que han causado daño a mi amigo,
> expresando mi parte de responsabilidad con ternura.

Después de regarnos las flores mutuamente, tomas consciencia de los pensamientos, palabras o acciones que has expresado y han podido dañar a tu amigo. Generalmente, tendemos a culpar al otro o a proyectar nuestro sufrimiento en los demás. Pero es menos habitual detener nuestros impulsos y percepciones para observar profundamente cómo hemos actuado y qué responsabilidad tenemos nosotros en el daño ocasionado. La meditación guiada nos invita a observar con detenimiento y desarrollar la comprensión en cuanto a nuestra manera de obrar. Y, así, expresamos nuestro arrepentimiento o responsabilidad en relación con nuestra manera de proceder. No deseamos culpar o mostrar nuestras heridas abruptamente. Primero de todo exploramos nuestra propia actuación en los hechos y, con sinceridad, compartimos nuestra responsabilidad desde el respeto.

> Al inspirar, soy consciente de mis percepciones
> y cómo estas han hecho brotar el sufrimiento en mí.
> Al espirar, expreso mi herida con ternura y sin culpar.
> Consciente de mis percepciones y cómo estas han hecho brotar
> el sufrimiento en mí;
> expresando la herida con ternura y sin culpar.

Una vez que has compartido tu propia responsabilidad en relación con la ruptura o dificultad en la relación, tomas consciencia de tus propias percepciones y de cómo estas irrumpen en tu conciencia impidiéndote ver la situación con claridad y ecuanimidad. Nuestras propias percepciones son como un conglomerado de nubes densas que impiden que alcancemos una verdadera visión del estado de la cuestión. Desarrollar la visión profunda nos hace más justos, más humildes y armoniosos. Es entonces cuando estás en disposición de expresar la herida con ternura y sin culpar, siendo consciente de que se trata de tu propia percepción y no de la única realidad que existente. Thich Nhat Hanh nos recuerda que donde hay percepción hay error. Esto nos alienta a no identificarnos con opiniones, ideas o creencias fijas. Sin embargo, expresar las heridas con sabiduría y sin juzgar nos orienta en la dirección de comunicar nuestros sentimientos desde la confianza, la esperanza y el deseo de comprendernos para solucionar las dificultades y comenzar de nuevo con más sabiduría.

Al inspirar, escucho profundamente la herida de mi amigo.
Al espirar, me refugio en la fuente sabia
de mi respiración consciente.
Escuchando la herida de mi amigo profundamente,
refugiándome en mi respiración consciente.

Después de expresar tu herida, tu amigo también deseará expresarse y hablar de su herida o percepción. De este modo abres los oídos del corazón para escuchar profundamente sus palabras y todo aquello que surge en él. Quizás, al escuchar sus palabras, sientas que su percepción es equivocada. Pero, aun así, permites que se exprese libremente para que pueda liberar su sufrimiento o percepción. El acto de escuchar profundamente te coloca ante la oportunidad de considerar cómo siente tu amigo la situación, comprender más aspectos sobre tu amigo que desconocías hasta ahora y brindarle un espacio para que se exprese en libertad. Mientras lo escuchas, vuelves a la fuente de tu propia respiración consciente, a ese manantial puro o espacio de refugio. Solo desde ahí comprendes con más profundidad y ofreces el espacio y la energía sanadora para que el otro sienta alivio y descanso al expresar su herida.

Al inspirar, me refugio en el poder de la palabra bondadosa.
Al espirar, confío en el poder de la renovación.
Refugiándome en el poder de la palabra bondadosa,
confiando en el poder de la renovación.

En el acto de comunicación y de compartir consciente entre tu amigo y tú, te refugias en el poder de la palabra bondadosa y amable. Deseas intervenir, pero sin herir más al otro y a ti misma. Por ello, te dejas inspirar por la energía sanadora de la respiración consciente que brota en ti cuando te expresas ante tu amigo. Tu compartir es amable y esperanzador; optimista y respetuoso. Su único fin es el proceso de comprensión y reconciliación para que los dos podáis empezar de nuevo con más entendimiento y compasión. Al hacer el voto de expresarte desde la amabilidad, también confías en el poder de la renovación entre los dos. Juntos podéis empezar de nuevo con más sabiduría ahora que conocéis y habéis compartido vuestro propio sufrimiento. La renovación siempre es posible cuando hay compresión y compasión en tu corazón.

Al inspirar, soy consciente de la belleza de la práctica
brotando en mi mente.
Al espirar, la comprensión y la comunicación consciente
me liberan de las percepciones erróneas.
Consciente de la belleza de la práctica en mi mente,
la comprensión y la comunicación consciente me liberan
de percepciones erróneas.

Gracias a la práctica de vivir la atención plena y de tu voluntad diligente al reservarte, cada día, el espacio para respirar, caminar y sentarte en plena consciencia, la belleza de la amabilidad y la armonía brotan a cada paso que das, y el deseo de comprensión y armonía se manifiestan en tu conciencia. Comprendes que tu voluntad de vivir en plena consciencia es un preciado tesoro que irradia allá donde vas e ilumina todo lo que tocas. La comprensión y la comunicación consciente son frutos de las semillas nutritivas que riegas a través de tu práctica, y son aliadas en tu deseo de traer más armonía y bondad a tus allegados y a todos los que, igual que tú, caminan amablemente por el sendero de la vida.

23

Nuevo año, nuevo yo

El comienzo del nuevo año nos brinda una nueva etapa y una preciosa oportunidad para empezar de nuevo y renovar nuestra aspiración y fe. Cada segundo es el momento perfecto para renovarnos y sanarnos. Esta meditación guiada está inspirada en el mantra «Nuevo año, nuevo yo» que, hace varios años, el Centro de Práctica Plum Village envió a la comunidad internacional con el deseo de que, aprovechando el comienzo del nuevo año, nos abriéramos a una renovación en nosotros mismos y en nuestra práctica. «Nuevo año, nuevo yo» es un mantra que nos invita a celebrar nuestra feliz continuación y a permitir abrirnos a la esperanza de traer más alegría y paz a nosotros mismos y al mundo. Nuestra naturaleza es la de la impermanencia, y por ello cada momento es una feliz ocasión para emprender el sendero de nuestra realización y transformación. Así, la entrada del año nuevo es una fecha muy simbólica en nuestra cultura, y este simbolismo, tan colmado de poder, nos ofrece la magia de nutrir el amor y la intención con más determinación y entrega.

Al inspirar, sé que estoy inspirando.

Al espirar, sé que estoy espirando.

Inspirando,

espirando.

Qué alegría inspirar y espirar conscientemente con la entrada del año nuevo. El simple hecho de sentir el aire entrando y renovando toda la energía de tu cuerpo, mente y espíritu es un acto de celebración. No hay mejor manera de celebrar la continuación de la vida que abriéndote al aire que entra y que sale como un fluir de olas danzando. Cuando enfocas tu atención en la respiración consciente, tu mente se aquieta y tienes más capacidad para mirar profundamente las maravillas de la vida. Cuando calmas tu mente, cuerpo y percepciones, contemplas la preciosa oportunidad que se presenta ante ti para renovar tu genuina aspiración en este nuevo año que da comienzo en todo tu ser.

Al inspirar, soy consciente de las sensaciones en mi cuerpo.

Al espirar, sonrío a las sensaciones en mi cuerpo.

Sensaciones en mi cuerpo,

sonriendo.

Ser consciente de las sensaciones también te conecta con lo más valioso de ti, que es tu propio cuerpo. ¿Qué mejor manera de recibir el año nuevo que abriéndote a las sensaciones que la entrada del año te trasmite a través de tu cuerpo? Cuando las sensaciones están en calma, hay más sosiego interior para ahondar en las maravillas que te envuelven y que también están en tu interior. Sonríes a las sensaciones en tu cuerpo y te sientes feliz por la manifestación de tu cuerpo en este nuevo año. Él sigue ahí, a tu lado, disfrutando del bello caminar de tu conciencia por este sendero noble. Con una leve sonrisa en tus labios, tu cuerpo también sonríe.

> Al inspirar, nutro la alegría en mi corazón.
> Al espirar, nutro la paz en mi corazón.
> Alegría en mi corazón,
> paz en mi corazón.

En el recorrido por las sensaciones en tu cuerpo, te enfocas en la zona del corazón, allá donde los sentimientos brotan como cascadas de agua reluciente. Qué mejor propósito que nutrir la alegría en tu corazón y dejar que se expanda por todo tu cuerpo. Tu cuerpo se merece recibir el nuevo año con alegría, y tu corazón desprende gozo por una feliz continuación. Nutrir la paz es la otra aspiración profunda para este nuevo año. Cuando nutres la paz en tu corazón, irradias paz en todo tu cuerpo, y todos los que te rodean se benefician de tu paz. Paz en ti; paz en el mundo. Hay sentimientos que nos enaltecen y nos colocan ante la genuina belleza de la vida. Cuando nutres la paz en ti, tus ojos contemplan la paz, y la paz llega a ti desde todos los rincones. Tu alegría y tu paz son tu verdadero cuerpo.

Al inspirar, soy consciente del nuevo año que comienza.
Al espirar, me siento agradecida por las expresiones
maravillosas que aún están por manifestarse.
Nuevo año,
expresiones maravillosas.

Cuando la respiración fluye fresca, en tu cuerpo anida la alegría y la paz al hacerte consciente del nuevo año que comienza. Cuántas oportunidades por descubrir y cuántas maravillas aún por reconocer. Situarte ante la entrada del nuevo año es una nueva oportunidad para que el mundo se te presente con su serena luminosidad. Te sientes agradecida por las tantas expresiones maravillosas que aún están por manifestarse a lo largo de este nuevo curso. Cuánta alegría y cuánta paz aún te quedan por expandir y saborear. Ser consciente de este único momento presente te hace libre para comenzar de nuevo y refrescar tu mirada profunda. El comienzo del año es, tal vez, el más dulce momento presente para consolidar tu propósito más profundo de maravillarte de la belleza que circula a tu alrededor y enraizarte en tu vocación más sólida de embellecer un poco más al mundo con tu alegría y paz luminosa.

Al inspirar, soy consciente del nuevo yo que comienza.
Al espirar, me siento agradecida por las condiciones
suficientes de felicidad que ya hay en mí y a mi alrededor.
Nuevo yo,
condiciones suficientes de felicidad.

Con el nuevo año que comienza también comienza un nuevo yo en ti. Cada instante es una preciosa ocasión para renovarte, volver al hogar de ti misma y refrescar tu intención con amor y reverencia. Hay esperanza y agradecimiento en nosotros por las expresiones maravillosas que aún están por venir. Nutrir la esperanza es una sana virtud. Pero celebramos nuestro agradecimiento por las condiciones suficientes de felicidad que ya hay en nosotros y a nuestro alrededor. Hay condiciones maravillosas que están teniendo lugar aquí y ahora, y despertamos a la alegría de sentir que estos elementos continúan en este nuevo año a través de nosotros. En la meditación eres consciente de tu gratitud por todos los elementos de felicidad que hay en tu interior y que te envuelven. Y celebras con la vida la feliz oportunidad que se te brinda de enraizarte con una mayor aspiración y propósito en este nuevo yo renovado, fresco y palpitante. No hay mayor alegría que reconocer las infinitas condiciones de gratitud. Hoy es un nuevo día para nutrir tus propósitos y renovar un nuevo yo que esparce su bella continuación con cada pensamiento, palabra y acto.

Al inspirar, me comprometo a nutrir la alegría
en mí y a mi alrededor.
Al espirar, me comprometo a nutrir la paz
en mí y a mi alrededor.
Nutriendo la alegría,
nutriendo la paz.

Esta época del año que comienza es un buen y merecido momento para comprometerte en nutrir la alegría y la paz en ti mismo y a tu alrededor. La energía bondadosa y agradecida que fluye a través de tu corazón la expandes por todo tu cuerpo y mente y te comprometes a que tu aspiración de alegría y paz brote en todos los días de tu vida. Estás determinado a ser diligente y voluntarioso en tu forma de usar el pensamiento, el habla y la acción hacia una dirección que traiga más alegría y paz a ti mismo y a los demás. Te ofreces un espacio para indagar en las energías del hábito que surgen de ti y reconocer qué vías sostienen mejor tu transmisión de alegría y paz a tu alrededor. Si nos comprometemos a cultivar una mente alegre y pacífica, esa energía se proyectará a nuestro alrededor en condiciones favorables para nuestra práctica y felicidad. La paz empieza en ti, en tu propio cuerpo, en tu propia mente, en cada paso que te dignas a ofrecer al mundo para iluminar su presencia.

24

Cuatro Nobles Verdades

Ahondar en el sufrimiento no es algo que resulte agradable, y habitualmente tendemos a huir de él. Nos refugiamos en sucedáneos como el consumo para tapar las emociones difíciles que no deseamos reconocer por miedo a no saber cómo gestionar el sufrimiento que surge en nosotros y a nuestro alrededor. Sin embargo, existen prácticas que nos ayudan a comprender mejor nuestras dificultades y a dar pasos para atrevernos a mirar profundamente la fuente de nuestro malestar. La alegría y la felicidad también son posibles en este preciso instante, aunque el sufrimiento esté presente. Como nos dice el maestro Thich Nhat Hanh, sin barro no hay loto. En etapas de nuestra vida, es inevitable embadurnarse en el barro, en nuestras aflicciones personales, para canalizarlas en una dirección adecuada que nos encamine hacia la aceptación, la compresión y el bienestar. Así nos adentramos en un camino noble de transformación y sanación.

Esta meditación guiada está basada en las Cuatro Nobles Verdades que Buda proclamó hace más de 2.500 años. Son aún muy actuales, y se han convertido en un referente en el cuerpo de las enseñanzas del maestro zen Thich Nhat Hanh. Las Cuatro Nobles Verdades, de acuerdo con Thich Nhat Hanh, se estructuran en cuatro leyes: 1) la naturaleza de la vida es sufrimiento, 2) existe un origen y unas causas que conducen al sufrimiento, 3) el cese del sufrimiento es posible, y 4) hay un camino pleno que nos conduce al bienestar y a la iluminación.[*]

Estas verdades las podemos aplicar a una situación concreta que estemos atravesando. Cuando tenemos la solidez de mirar de frente en nuestro sufrimiento sin tratar de huir, podemos reconocerlo con amabilidad y aceptarlo tal cual es; mirar profundamente las causas y condiciones que lo han hecho surgir y dejar de regar las semillas de dificultad que nos han conducido a él, para ocuparnos en seguir otra vía más sana. Esta vía más sana es un camino pleno en el que tomamos refugio para habitar el despertar de nuestra presencia, una invitación a adentrarnos en un camino de sabiduría hacia nuestro propio bienestar. Buda le llamó el Noble Óctuple Sendero o sendero del despertar.

Al inspirar, soy consciente de que hay sufrimiento en mí.
Al espirar, reconozco el sufrimiento
con aceptación y compasión.
Consciente del sufrimiento,
reconociéndolo con aceptación y compasión.

---

[*]   Véase más en Thich Nhat Hanh, *El corazón de las enseñanzas de Buda* (*op. cit.*).

Enfocas la atención en cualquier ámbito de tu vida en donde encuentres un obstáculo o una aflicción. Cuando inspiras, traes tu aflicción a la energía suave del momento presente y te haces uno con ella. Cuando conectas con las sensaciones en tu cuerpo, reconoces aquello que te hace sufrir. En esta etapa de reconocimiento de tu malestar, localizas la zona del cuerpo en la que la dificultad se hace más palpable. Quizás el bloque de sufrimiento lo proyectes en la zona del pecho, o en forma de dolor de cabeza, o en el estómago, o bien sientas una sensación de angustia o ansiedad, ahogo, miedo, fobia, ira, etc. Con ternura y sin juzgarte, te abres a tu sufrimiento hasta donde puedas llegar.

Cuando espiras, reconoces el sufrimiento con apertura y compasión, sin tratar de huir o dar vueltas en pensamientos recurrentes sobre la sensación desagradable. A veces no resulta fácil aceptar que estamos sufriendo. Tendemos a hacer que no lo vemos para no tener que enfrentarlo. Pero si accedes al bloque de malestar, muy probablemente brotará en ti una visión clara sobre el significado original de la aflicción. Cuando reconoces y aceptas que hay sufrimiento en ti, probablemente en un primer momento la intensidad del malestar sea desbordante, pero poco a poco esta perderá intensidad y en su lugar una voz muy honda y sutil que mantenías retenida te susurrará sabios mensajes. La huida del sufrimiento es la verdadera causa del dolor en la mayoría de circunstancias. Al aceptar, sientes descanso en tu mente y tu cuerpo se abre y reposa. Cuando el cuerpo reposa, habiendo reconocido y aceptado la dificultad tal cual es, se produce un estado de rendición, de abertura profunda y espontánea, que favorece la claridad mental o intuición para que nuevos enfoques de resolución afloren a través de ti.

> Al inspirar, soy consciente de que hay causas
> y condiciones que han hecho surgir el sufrimiento en mí.
> Al espirar, miro profundamente las raíces del sufrimiento.
> Consciente de las causas y condiciones,
> mirando profundamente.

Nada surge porque sí. Cuando un fenómeno se manifiesta, se debe a una serie de causas y condiciones. Generalmente, tendemos a estar distraídos y no deseamos observar las causas de nuestro sufrimiento. Pero si miramos profundamente sin tratar de escapar o escuchar las historias o fantasías que nuestra mente nos quiere contar, vislumbraremos con claridad las causas y condiciones que han provocado el sufrimiento en nuestro interior. Existe un tipo de sufrimiento primario u originario que forma parte de la naturaleza de la vida: la enfermedad, la pérdida de un ser querido, la muerte, etc. Otro tipo de sufrimiento secundario es aquel que propicia la mente en base a percepciones erróneas y formaciones mentales difíciles, por la incapacidad de aceptar la realidad tal cual es. La resistencia es nuestro peor enemigo. Aun así, hemos de estar preparados y sentir profundamente en nuestro interior que disponemos de la solidez suficiente para asomarnos por la ventana de nuestro malestar. Asomarse implica coraje, valentía y cierta habilidad en la práctica.

Generalmente, tendemos a proyectar el problema en el exterior sin apreciar que hay semillas en el fondo de nuestra conciencia que han estimulado y han hecho emerger la dificultad en nuestra vida. Por muy doloroso que resulte este proceso, cuando la energía de la aflicción tiene espacio para brotar y circular libremente hacia nuestra mente consciente, se nos brinda una buena oportunidad para observar con sabiduría y actuar con diligencia. Es nuestro momento para sanar la energía atrapada en el fondo de la mente. No es fácil dejar de echar la culpa a las circunstancias externas. Sin embargo, la intensidad de nuestra emoción o formación mental difícil es una invitación a entrar en nuestro propio hogar y mirar profundamente, en silencio, las raíces del sufrimiento que hay en nosotros. Se necesita voluntad y atención consciente para detectar las semillas de aflicción y contemplarlas con ternura y compasión. No está en nuestra mano hacernos responsables del conjunto de condiciones que han hecho brotar el sufrimiento en nosotros. Pero sí es sano hacernos responsables de todo aquello que está en nuestra mano, y que podemos abrazar y transformar en nuestro interior. En este espacio profundo de uno mismo se abre el poder de nuestra liberación más allá de nuestro condicionamiento y victimismo.

Al inspirar, soy consciente de que hay
una salida al sufrimiento en mí.

Al espirar, dejo de regar las causas que han hecho
surgir el sufrimiento en mí.
Consciente de la salida al sufrimiento,
dejando de regar las causas del sufrimiento.

Ser conscientes de que hay una salida al sufrimiento nos llena
de esperanza, y la esperanza nos aporta alegría y vitalidad.
Todo sufrimiento es impermanente; no puede durar toda una
vida. Existen vías eficaces para transformar el sufrimiento a
través de la comprensión y la compasión. La energía del sufrimiento nos permite tocar semillas en nuestro interior que,
al reconocerlas, las conseguimos abrazar y transformar. Así,
nutrimos un corazón amoroso día a día y renovamos nuestra
compasión y sabiduría. De esta forma aprendemos el arte de
vivir y relacionarnos con los demás.

Al mirar profundamente y con claridad en las causas que han
hecho emerger el sufrimiento en ti, dejas de regar estas causas
en modo de pensamientos, palabras o acciones inconscientes y
nocivas. Indaga y reflexiona en tu meditación qué y cómo hacer
para no regar las causas que están en ti o a tu alrededor y que te
han creado sufrimiento. Si así lo haces, observarás que gradualmente el sufrimiento perderá intensidad. Todo sufrimiento está
vinculado a unas causas y condiciones. Tal vez no todas depen-
dan de ti. Pero si te abstienes de regar la maleza, esta no podrá
crecer. De igual modo sucede con tu sufrimiento.

Al inspirar, soy consciente de que hay un camino
hacia el bienestar en mí.
Al espirar, me comprometo a vivir cada momento del día
con reverencia y plena consciencia.
Consciente del camino hacia el bienestar,
comprometido a vivir cada momento del día con reverencia
y plena consciencia.

Existe un camino pleno en el que podemos tomar refugio que nos conduce al cultivo del bienestar y la felicidad en nuestra vida. Una sabia forma de contrarrestar nuestras acciones poco diligentes es fortaleciendo la voluntad y la capacidad de discernimiento para regar el pensamiento, la palabra y las acciones nobles en nuestra vida y en nuestras comunidades más próximas.

La voluntad de vivir con plena consciencia te aporta la calma y la profundidad para seguir la vía correcta que te conduce al bienestar pleno. Tal vez contemples tu estado de bienestar muy alejado de este momento presente. Aun así, si nutres las semillas de atención, concentración y claridad en el día a día allá donde estés, tu energía irradiará solidez y frescura. La aspiración profunda de seguir un camino en paz y armonía sienta los cimientos para una vida de bienestar y felicidad en cada paso ofrecido con reverencia. Despertar tu presencia aquí y ahora es la más bella semilla que puedes plantar para un futuro feliz.

25

Las ocho semillas del despertar

Las ocho semillas del despertar nos orientan en el camino noble para desarrollar la sabiduría y la verdadera comprensión. Estas ocho semillas (atención, concentración, claridad, pensamiento, palabra, acción, voluntad y vocación), cuando son regadas en nuestra conciencia de acuerdo a una conducta ética, penetran en nuestro interior y nos encauzan en una adecuada dirección de la práctica de la plena consciencia. Estas semillas, o camino pleno, están inspiradas en el Noble Óctuple Sendero, el camino de práctica revelado por el Buda como modo de transformar el sufrimiento y despertar a una vida plena. También Thich Nhat Hanh se inspiró en las enseñanzas del Buda para guiarnos en el camino del despertar a través de una vida virtuosa anclada en la práctica de la plena consciencia y del amor compasivo.* Si somos conscientes de cultivar estas semillas en

---

* El Noble Óctuple Sendero, en la tradición del maestro zen Thich Nhat Hanh, comprende la visión correcta, el pensamiento correcto, la palabra correcta, la

nuestra mente, caminaremos en el sendero correcto y ético que nos conduce al despertar y a la liberación. La interdependencia de las ocho semillas o valores de vida nos encauza en un camino de alegría y felicidad allá donde estemos. En nuestro entorno más cercano, podemos agudizar nuestra mirada profunda para observar cómo nos relacionamos con cada una de ellas.

A través del ejercicio de meditación, traemos a nuestra conciencia cada una de las ocho semillas, por separado, y observamos profundamente cómo moldean el caudal de la mente e inspiran nuestra aspiración y camino de práctica. Permitimos que cada estrofa penetre en el fondo de nuestra mente como un rayo de luz que atraviesa, indeleble, cualquier obstáculo en el camino.

> Al inspirar, la atención plena es mi ancla.
> Al espirar, estoy presente en mi respiración.
> Mi ancla es la atención plena,
> presente en mi respiración.

---

acción correcta, la diligencia correcta, el medio de vida correcto, la concentración correcta y la atención correcta.

En este capítulo se han adaptado los términos originales de «diligencia correcta» por «voluntad plena» y de «medio de vida correcto» por «vocación plena», modificando sutilmente su significado original como modo de presentar las enseñanzas a un público laico y desde un enfoque secular. De la misma manera, se ha decidido comenzar la rueda del Noble Óctuple Sendero por la «atención plena», en vez de por la «visión plena».

Para una revisión más amplia sobre las enseñanzas budistas del Noble Óctuple Sendero, véase Thich Nhat Hanh, *El corazón de las enseñanzas de Buda* (*op. cit.*).

La atención plena es la primera semilla con la que entramos en contacto. Focalizas tu atención en la respiración consciente para que afloren la calma y la tranquilidad. En este ejercicio, el objeto de nuestra atención plena es la respiración. Nos anclamos en la solidez de la respiración como si nuestra atención fuera un pilar inquebrantable. Cuando paramos y enfocamos nuestra atención plena en un objeto, la agitación de las aguas del océano del cuerpo y la mente se aquietan.

Estar atento comporta sostener la atención en algo. A pesar de que no podemos estar atentos en nada, la nada puede convertirse en un objeto de nuestra atención. Requerimos de un objeto de atención para mantener nuestro foco. En esta práctica, el suave vaivén de la inspiración y la espiración por nuestras fosas nasales es el ancla en el que la atención plena se sustenta aquí y ahora. La atención plena es el timón que hace brotar el camino de amor y sabiduría en nosotros. Sin atención plena, nos dejamos arrastrar por la tormenta de las circunstancias, olvidados del camino recto y claro. Si sembramos la semilla de la atención en nuestra mente, la serenidad brotará en nuestra conciencia, y a nuestro paso un sendero noble se abrirá bajo nuestros pies.

Al inspirar, concentro mi foco en la totalidad del cuerpo.
Al espirar, observo en profundidad.
Concentrando mi foco en la totalidad del cuerpo,
observando en profundidad.

La segunda semilla es la concentración. A medida que la atención plena se abre como una flor en nuestra mente, permitimos que se pose serenamente en la totalidad del cuerpo de forma sostenida. Cuando, de manera sostenida, posamos la atención sobre un objeto, nuestra mirada se vuelve más profunda y, así, observamos las cosas tal como son. Despertamos a la verdadera naturaleza de los fenómenos. En este ejercicio, el objeto de concentración es el cuerpo. Sostenemos nuestro foco en él mientras la respiración consciente nos mantiene anclados en la realidad de nuestro cuerpo.

Al concentrar la atención en un objeto, te permites observar la realidad en profundidad. Eliminando la dispersión, tu mente se aquieta. Te adentras en la caverna de la concentración donde existe espacio para contemplar la realidad del objeto. Tal vez, tu capacidad de discernimiento y visión profunda haga emerger la verdad de un asunto que andabas buscando. En la meditación guiada, el objeto de concentración es el cuerpo en su conjunto. Al enfocar nuestra atención, observamos en profundidad la verdadera naturaleza de tu cuerpo. En este momento hay espacio para estar presente en tu cuerpo y escuchar con los oídos de la concentración algún mensaje que aflore de él al que no hayas prestado atención anteriormente. Tal vez a tu cuerpo le duela algo u observes cierta tensión en alguna zona; tal vez, por primera vez, adviertes que tienes un cuerpo que trabaja muy duro y con mucha bondad para que puedas irradiar y mostrar tu sabia transmisión al mundo; tal vez brota de ti la gratitud por tener un cuerpo sano; o puede surgir una suavidad serena de amor y esplendor que te abre el corazón de

par en par. Cuando observamos en profundidad, el milagro de
la vida aflora a la superficie.

> Al inspirar, la claridad alumbra el caudal de mi mente.
> Al espirar, mi visión es serena.
> La claridad alumbrando el caudal de mi mente;
> mi visión, serena.

La tercera semilla del despertar es la claridad o visión. Al enfocar nuestra mirada en un objeto, la visión se hace más nítida
y las tinieblas se aquietan. Esta calma interior es la necesaria
para agudizar nuestra comprensión y ver las cosas tal como
son, sin el colorido de nuestras percepciones o de nuestra mente nublada. Una mente serena requiere de un cuerpo relajado
y calmado. Un cuerpo tenso o ansioso difícilmente puede conectar con la mente si no es desde el desorden y la agitación.
Cuando la plena consciencia brota en ti, tu mente se armoniza
con tu cuerpo, y la paz y el bienestar afloran. Surge, entonces,
la claridad de la concentración sostenida y de la observación
profunda. Una mente clara es espaciosa y abierta. En el espacio
de una mente clara hay profundidad y belleza. Si te ejercitas en
despertar la plena consciencia en el momento presente, tu mente será cada vez más espaciosa y a través de ella vislumbrarás
las maravillas disponibles aquí y ahora, a cada momento, en
todo su esplendor. La claridad alumbra el océano de tu mente y
el despertar de tu presencia refleja la realidad tal como es.

Desde una visión serena se observa la realidad con más profundidad y discernimiento. La cualidad más apreciada que podemos despertar es la visión correcta sobre nuestras percepciones erróneas y, así, encauzar nuestra vida en un camino más bello y compasivo. Si tu visión está nublada, tu caminar estará colmado de piedras y obstáculos que derrumbar. Cuando despiertas la visión plena –la fuente de aguas claras de tu propia mente–, te aúnas contigo mismo, y de ti aflora la intuición profunda y creativa que te guía en tu propio camino despierto. Déjate iluminar por la visión serena que se esconde más allá de las nubes de tu mente.

Al inspirar, estoy presente para los contenidos
de mis pensamientos.
Al espirar, mi mente irradia destellos de bondad.
Presente para los contenidos de mis pensamientos,
mi mente irradiando destellos de bondad.

En una mente clara y espaciosa, tu visión es más aguda para reconocer la calidad de tus pensamientos. Estos, como olas de un océano, se manifiestan en nuestra conciencia, y nos guían por el camino correcto o nos arrastran en un navegar abrupto. En una mente clara observamos profundamente y apreciamos los contenidos de los pensamientos. Hay pensamientos que nos orientan en una dirección apropiada, y otros, basados en puntos de vista inflexibles y percepciones erróneas, que nos dispersan y nos restan energía. Hay una relación estrecha entre nuestros pensamientos, palabras y acciones. Si la energía de nuestros pensamientos es nociva, esto repercutirá en nuestro estado emocional y, a la vez, nuestra comunicación y nuestras acciones estarán inspiradas por la energía de los contenidos de nuestra mente. Al iluminar con la plena consciencia la energía de nuestros pensamientos difíciles, los observamos tal como son y les despojamos del poder que tienen de empujarnos en una dirección insana.

Una mente atenta y concentrada planta semillas refrescantes en el fondo de su conciencia para que los pensamientos que emerjan nos aporten los nutrientes saludables y renovadores que nos encaucen en una bella dirección. Necesitamos de un entrenamiento diligente basado en el cuidado y la voluntad para manifestar de manera intencionada pensamientos que inspiren esperanza y optimismo en nosotros y en los demás. De esta forma, nuestros pensamientos, que son una activación de energía, nos brindarán un futuro más bello.

Al inspirar, cada palabra pronunciada transmite esperanza.
Al espirar, mi habla es un rayo de luz.
Esperanza en cada palabra pronunciada,
mi habla es un rayo de luz.

Las palabras son la continuación de los pensamientos que se manifiestan en la mente. Por ello, es importante alumbrar la plena consciencia en nuestra mente para detener o abrazar cualquier pensamiento que contamine nuestra conciencia. La palabra amable inspira optimismo y esperanza e invita a las personas que nos rodean a manifestar las semillas beneficiosas en su mente. Cada pensamiento y palabra es energía en acción. Si nuestros actos surgen de una mente clara y concentrada, nuestro camino será de felicidad y armonía.

Cuando el habla es la llama de la plena consciencia, nuestras palabras brillan como un rayo de sol y acarician a todos con su presencia. Con paz mental, nuestra comunicación acaricia las bellas semillas de los demás, y estos se abren como flores. Seamos conscientes de irradiar bellas semillas en los corazones que nos rodean. Cada palabra, un rayo de luz.

Al inspirar, mis acciones son mis
verdaderas pertenencias.
Al espirar, la compasión brota a cada paso.
Mis acciones, mis verdaderas pertenencias;
la compasión brotando a cada paso.

Nuestras acciones contienen la energía que hemos acumulado en el fondo de la conciencia. Asimismo, la energía de nuestros ancestros y la conciencia colectiva que nos envuelve imprime su marca en el fondo de nuestra mente. Si el camino de vida que hacemos es sólido y bello, nuestra mente lo agradecerá y aflorarán en nosotros las condiciones necesarias para sanar y transformar el fondo de nuestra mente. Nuestras acciones diligentes inciden en la calidad de pensamientos y palabras que sembramos en la conciencia. Cada acción tiene nuestro sello, que deja una impronta en la conciencia de todo lo que tocamos. La enseñanza de Thich Nhat Hanh «mis acciones son mis verdaderas pertenencias» nos recuerda lo importante que es establecerse en lo que de verdad es relevante. Un día abandonaremos nuestro cuerpo y recursos materiales. Pero la energía amorosa de nuestras acciones continuará expandiéndose en todas las direcciones, allá donde llevemos nuestro corazón bondadoso y abierto.

Si nuestras acciones son nuestras verdaderas pertenencias, cada paso que demos conscientemente y en paz nos guiará en un viaje de vida compasivo. Nuestro mensaje será, entonces, la transmisión del amor y el cuidado. Cuando plantamos semillas de afecto, el corazón desprende luz y belleza, y todos se benefician de nuestra mente sosegada y amable. Nuestra verdadera naturaleza de compasión se manifiesta en una mente humilde y sencilla que desea hacer el bien y compartir con todos los seres el estado de presencia. Este nos liberará de la condición de esclavos de nuestras percepciones erróneas y energías del hábito. Nuestro camino de vida se convierte entonces en nuestra verdadera y más sincera transmisión.

Al inspirar, me comprometo a regar la semilla
de la voluntad en mi mente.
Al espirar, la energía ilumina mis intenciones.
Comprometida a regar la semilla de la voluntad en mi mente,
la energía iluminando mis intenciones.

Un viaje de vida saludable y compasivo conlleva el entrenamiento de la voluntad y el cuidado para que nuestra atención y concentración sean sólidas en el día a día. Cada momento del día es perfecto para desplegar tu estado de presencia. Te detienes, respiras y afianzas tu voluntad hacia una vía que te lleve a la virtud y la esperanza. La voluntad es una semilla muy vigorosa. Cuando esta se activa, te orienta, de la mano de tu intuición profunda, hacia un camino de coraje y actitud capaz de expandir tu mensaje más amoroso en todo lo que haces. Cuando somos voluntariosos y diligentes en el modo de consumir y en cultivar selectivamente las semillas en nuestra conciencia, la firmeza y energía se reafirman en nosotros, y nuestro brillo interior encuentra un resquicio por donde brotar e iluminar el mundo.

Al despertarte por la mañana, sonríes a tu mente y diriges tu atención a cosas sencillas que aportan belleza y nutrición a tu cuerpo, a tu mente y a tu espíritu. Cuando nos establecemos en la paz interior, un espacio se abre para despertar la energía que inspirará nuestras intenciones más nobles. La intención mueve a la acción. Si alineamos nuestra calma atenta con la voluntad verdadera del corazón, nuestra intención brillará con vigor.

Al inspirar, mi vocación es un espejo de mi mente clara.
Al espirar, mi medio de vida es mi mensaje.
Mi vocación, un espejo de mi mente clara;
mi medio de vida, mi mensaje.

Tu vocación es el mensaje más hermoso grabado en el fondo de tu conciencia. Hay personas que nunca despiertan a su verdadera vocación en el transcurrir de su vida. No dejemos que el tiempo se nos escurra entre los dedos sin abrirnos al mensaje más profundo que hemos venido a expresar.

El hecho de respirar y estar vivo hace que todas las cosas sean posibles, nos recuerda el maestro zen Thich Nhat Hanh. Si te abres a la quietud del silencio en el caudal de tu mente clara y despiertas tu verdadera presencia, allá descubrirás quién eres y, cuando lo descubras, tus alas no tendrán más remedio que abrirse para desplegar su abundancia y mensaje más puro. Cada paso ofrecido a la tierra desde la presencia del amor, te encamina hacia tu verdadera vocación, que es la elevación de tu ser en tus pensamientos, palabras y actos. Que tus semillas bondadosas se revelen en cada gesto, paso y palabra pronunciada con optimismo y esperanza. Tu vocación puede ser un minúsculo granito de arena, pero cuando inspira el despertar de tu presencia brilla lejos en el corazón del mundo.

Tu medio de vida es la expansión de tu vocación más genuina. Las pequeñas obras, con dedicación e intención, reflejan la belleza de tu mente y riegan con inspiración tu conciencia y la conciencia colectiva de tu entorno. Seamos diligentes para alumbrar nuestra energía amorosa en cada acto realizado con desapego y compasión. Tu medio de vida es tu mensaje.

26

Tu vocación, una puerta a tu liberación

Cuando traes tu verdadera aspiración al momento presente, te ofreces la oportunidad de observar atentamente, sanar y transformar la energía de tu vocación profunda para que tu continuación, el resultado de tus pensamientos, palabras y acciones, resulte en un beneficio para el planeta en su conjunto. Cuando nuestra vocación más profunda está alineada con la energía de la plena consciencia, alcanzamos un estado de gozo y alegría que trasciende más allá, iluminando todo lo que hacemos y a todos los seres que nos rodean. La vocación, entonces, se convierte en una puerta hacia nuestra liberación. Tu vocación es tu medio de vida a través del cual tu mensaje más sagrado puede ser revelado, y es así como tu liberación tiene lugar a través del transcurrir de tus días. Te liberas por medio de tu propia continuación cuando expandes la energía de tu vocación sincera en todo aquello que piensas, comunicas y compartes. Tu mensaje es la llave para la continuación de un mundo más bello, armonioso y despierto.

Esta meditación nos conduce a la comprensión profunda de nuestra inclinación y medio de vida. Cuando activamos la plena consciencia en el día a día de nuestra vocación, transformamos la energía del hábito y la ignorancia que nos ciega. El maestro zen Thich Nhat Hanh nos revela tres puertas hacia nuestra liberación: el vacío, la ausencia de signo y la ausencia de propósito. Estas tres puertas pueden ser investigadas profundamente en la práctica de la meditación para discernir con sabiduría la naturaleza de nuestra vocación o medio de vida y, así, despertar nuestra energía más sanadora.

Al inspirar, soy consciente de mi vocación profunda.
Al espirar, la plena consciencia brilla en mí.
Consciente de mi vocación profunda,
la plena consciencia brillando.

Traigo mi propia vocación a mi conciencia y la hago muy presente en mi cuerpo, mente y espíritu. Me refugio en mi vocación y siento la llama de mi medio de vida en el corazón. Soy afortunado a causa de mi vocación y de todas las maravillas que puedo transmitir a través de ella.

Estoy atento a mi respiración consciente y la plena consciencia reluce en mí. Mi vocación queda bañada por la luz de la plena consciencia y mi corazón palpita de entusiasmo y motivación.

Al inspirar, me veo a mí mismo ejerciendo mi vocación.
Al espirar, la energía de mi aspiración es sólida.
Yo ejerciendo mi vocación,
energía de mi aspiración sólida.

Traes a tu mente tu propia ocupación y te ves desempeñándola en tu día a día cotidiano. Te visualizas pensando, comunicándote y comportándote de acuerdo con tus quehaceres habituales.

Tu aspiración profunda y tu dedicación te llenan interiormente, y tu energía es suficientemente grande como para que actúes de acuerdo con tu vocación. La energía es clave para mover la aspiración e intención hacia la acción. Si no hay energía en ti, o esta es vaga, será difícil despertar tu aspiración profunda. Y sin una aspiración sólida, tu vocación dejará de transmitir las semillas más bellas de ti mismo. De esta forma, es necesario regar la energía de tu aspiración para que desprendas todo el potencial que hay en tu interior.

Al inspirar, mis alumnos, clientes o compañeros
son mi verdadera continuación.
Al espirar, me proyecto en infinitas direcciones.
Mis alumnos, clientes o compañeros,
mi verdadera continuación;
proyectado en infinitas direcciones.

En cualquier ámbito laboral que desempeñes, tanto si eres profesor, terapeuta, empleado o dependiente, eres consciente de los seres a los que sirves o con los que colaboras en una obra o proyecto. Ellos son la continuación de tu potencial, que expandes en base a tus pensamientos, palabras y acciones cotidianas. Nuestra verdadera naturaleza es la del interser. Si miramos profundamente, podemos despertar la visión clara y ser conscientes de que el vacío es lo único en que podemos sostener nuestra existencia. La forma es vacío, el vacío es forma, y lo mismo sucede con las sensaciones, las percepciones, las formaciones mentales y la conciencia. En lo único en que podemos apoyar nuestra fe es en aquello que a través de nuestra aspiración profunda e integridad transmitimos en todo lo que hacemos. De esta forma dejamos nuestra huella en el planeta y nuestra continuación se manifiesta a cada instante. Si tu vocación está enraizada en base a tu deseo más profundo, las semillas que siembres ofrecerán frutos nutritivos y todo el mundo se beneficiará. Si tu continuación es hermosa, muchos seres serán más felices y el planeta brillará más.

Cada pensamiento, palabra o acción tienen tu sello, y este se expande en infinitas direcciones de las que ni tú mismo eres consciente. Cuando conectas con tu verdadera presencia y tu vocación se convierte en tu medio de desplegar tus alas al mundo, tu energía irradia belleza e inspiración en todo lo que tocas. Tu verdadera misión abraza el universo y todo el planeta se sirve de ti. Si cultivas las semillas en ti, estás manifestando una preciosa continuación que imprime su huella en todo el cosmos.

Al inspirar, cada pensamiento es una flor en mi conciencia.
Al espirar, mi mente sonríe.
Cada pensamiento es una flor,
mente sonriendo.

Tus pensamientos son la antesala de tus emociones y comportamiento. Si cuidas la calidad de los pensamientos, estos continuarán de una manera más nutritiva a través de tus palabras y acciones. Hemos de plantar pensamientos bellos en nuestra mente para mejorar nuestra salud emocional, la salud de nuestro ambiente familiar y laboral, y la salud del planeta. Cuando paras y despiertas la atención consciente, hay más habilidad en ti para reconocer tus pensamientos nocivos o poco eficientes que se manifiestan en la mente y no te aportan un camino lúcido. Es tan fácil como darse cuenta de ellos, respirar y soltarlos mientras los sustituyes por otros más beneficiosos. A medida que despertamos al milagro del *mindfulness* y apreciamos la vida maravillosa que brota a cada paso, notamos que la calidad de los pensamientos se transforma y comenzamos a sanar nuestra mirada hacia el mundo. Tu plena consciencia ya no puede sostener la espesura de los pensamientos nocivos y estos se entregan al proceso lento de disolverse para convertirse en vacío.

Cuando tus pensamientos son flores preciosas, tu mente sonríe fresca. Hay una relación estrecha entre tus pensamientos y tus emociones. Cuando sientes felicidad y alegría, esta brota a través de una sonrisa. Tu mente se contagia de la bondad de tus pensamientos y esta se siente liviana y fresca. Cuando sentimos frescura en la mente, obtenemos más energía para cultivar nuestra vocación, y nuestra aspiración es más vigorosa y actuamos con más alegría. Si nosotros nos beneficiamos de la sonrisa de nuestra mente, los demás nos lo agradecerán también con su sonrisa.

> Al inspirar, me enfoco en lo que es eterno.
> Al espirar, priorizo valores esenciales.
> Enfocado en lo eterno,
> priorizando valores esenciales.

Es habitual que la ocupación que desempeñamos nos venga marcada por objetivos, planes y resultados a demostrar. Es el caso de la educación, en la que el currículum presenta una serie de contenidos que hay que enseñar y evaluar dentro de unos tiempos establecidos. Esto genera estrés en el profesorado y alumnado, disminuye la creatividad de ambos y, entre unidades temáticas, fichas y evaluaciones, quedan relegados al olvido la consciencia de uno mismo, la vuelta al cuerpo y al momento presente, el reconocimiento de lo prioritario y, en definitiva, despertar el manantial de creatividad, belleza y plenitud que todos abrigamos en nuestro interior. No obstante, tendemos a enfocarnos y correr tras los signos, los conceptos y todo lo que puede ser medido, desplazando lo eterno, infinito e inagotable, que es nuestro estado de presencia más preciado. Más allá de los conocimientos instrumentales, reside algo de un valor incalculable, difícilmente medible, y que solo puede ser expresado al despertar tu genuino estado de presencia y calma profunda en todo lo que tocas. Tus bellos colores se manifiestan aquí y ahora, y lo eterno se extiende en todas partes.

Al enraizarte en ti mismo y devolver tu mente a tu cuerpo a través de la respiración consciente, te abres a una mayor comprensión de ti mismo, de quién eres y de cuál es tu verdadera misión entre objetivos, contenidos y resultados a perseguir. Cuando eres sólido como una montaña, tu intuición más profunda comienza a decidir por ti y te refugias en ella para dejar que te guíe en los valores esenciales que de ti se despliegan suavemente en cada pensamiento, palabra o acción diaria. Tu genuina transmisión, más allá de cualquier apunte teórico, imprime una huella que se expande en una floreciente continuación que todo lo abarca.

> Al inspirar, planto semillas de esperanza en cada palabra.
> Al espirar, mi mensaje irradia lejos.
> Semillas de esperanza en cada palabra,
> mensaje irradiando lejos.

A través del habla comunicamos la energía que desprende nuestro cuerpo, mente y espíritu. Cuando somos conscientes de nuestro estado emocional, nuestras palabras son más conscientes. Las palabras son la transmisión de nuestra energía y pensamientos. Por ello resulta clave cuidar de la energía de plena consciencia para que nuestra habla transmita bellas semillas de inspiración, optimismo y esperanza hacia nosotros, en nuestra comunicación interna, y hacia los demás, en las relaciones familiares y sociales. La palabra posee el poder de herir o sanar. Deberíamos mirar profundamente y despertar la visión clara que nos conduce a plantearnos preguntas que agudizan nuestra indagación. ¿En qué dirección deseas que viajen tus palabras? ¿Qué semillas deseas plantar a través de tus palabras? La indagación profunda nos guía hacia el cuidado de la energía de la palabra bondadosa y amable a cada momento de la vida. Así, nuestras palabras imprimen una huella en la mente de los demás que les ayuda a despertar de la energía del hábito y la ignorancia. Si reposamos en el espacio de paz del hogar de uno mismo y nos nutrimos de espacios que favorezcan el silencio y la concentración, la energía de la solidez y el amor crecerá en nuestro interior y las palabras que expresemos serán frutos amorosos en el jardín de nuestro entorno.

Si siembras semillas de esperanza y belleza en los demás, el mensaje que has venido a expresar al mundo irradiará tu verdad más profunda y genuina. En la paz de ti mismo brilla tu mensaje en estado de presencia para que el mundo resplandezca cuando todos los fenómenos despierten del olvido y sean plenamente reconocidos con la melodía de tu voz.

Al inspirar, mi sabiduría aflora a cada instante.
Al espirar, este es un momento sublime.

Mi sabiduría aflorando a cada instante,
momento sublime.

Tendemos a creer que existen circunstancias particulares para expresar conocimiento. Sin embargo, a cada instante estamos transmitiendo nuestra verdadera sabiduría en cada gesto, intención o actitud que refleje nuestra auténtica naturaleza. La quietud profunda de tu ser ensalza tu conocimiento a través de los poros de la piel en todo lo que proyectas. Cada paso ofrecido a la tierra en plena consciencia, cada respiración consciente o cada sonrisa suave expanden tu más brillante tesoro de sabiduría al mundo.

Solo en el momento presente la sabiduría se desprende de tu ser. Por ello, has de estar preparado para irradiar tu belleza más profunda, aquí y ahora, a través de la presencia de tu bella sonrisa. El objetivo es ahora, y el resultado es aquí. Cada segundo es un espacio infinito e indefinido, bordado con tu nombre y que se llama libertad de establecerte sin propósito alguno, donde no hay nada que hacer y ningún lugar a donde ir, y, a la vez, algo que hacer y algún lugar a donde ir en este instante único. En el espacio sublime del aquí y el ahora, tu sabiduría ilumina el universo entero con el brillo de tu intención.

Al inspirar, mi intención se refleja en cada acto.
Al espirar, mis acciones son mis verdaderas pertenencias.
Mi intención reflejada en cada acto;
mis acciones, mis verdaderas pertenencias.

Tus intenciones son energía generada de semillas que brotan en tu mente consciente. Si riegas semillas refrescantes, estas se convertirán en el abono de tu energía vigorosa que hará florecer actos inspiradores que promuevan la paz y el amor. Si, por el contrario, riegas semillas nocivas o te dejas arrastrar por ellas, las intenciones que cultivarás no serán brillantes, a no ser que la energía de la plena consciencia detenga tal dirección al iluminar tus actos con la luz de su presencia. Nuestra intención está impregnada de energía. Cuando estás motivado por la amabilidad bondadosa, tus actos te conducirán por una senda hermosa. La calidad de las intenciones es la antesala de los actos y reflejan la bondad de las semillas que albergamos en nuestra conciencia. Solo la llama de la plena consciencia puede motivar que tus intenciones se inclinen por la energía del amor en acción.

Thich Nhat Hanh nos recuerda que nuestras acciones son nuestras verdaderas pertenencias. Algún día tendremos que abandonar las posesiones en el transcurrir de nuestra continuación. Así, la huella más poderosa que podemos imprimir en los demás y en el planeta es el efecto de los pensamientos y palabras motivadas por la energía de nuestras sabias intenciones. Las acciones, resultado de los pensamientos y palabras, son nuestro bien más preciado, el suelo más firme que podemos pisar, nuestra verdadera continuación.

Al inspirar, pensamiento, palabra y acción en perfecta unidad.
Al espirar, mi vocación es una puerta a mi liberación.

Pensamiento, palabra y acción en perfecta unidad;
mi vocación, una puerta a mi liberación.

Cuando nuestros hechos comunican la intención de pensamientos y palabras esperanzadoras con total sincronía, la unidad cobra sentido en nuestro modo de proceder, y nuestro medio de vida o vocación se convierten en la joya que regalamos para que nuestro mensaje sagrado impregne el corazón del mundo.

Tu vocación se convierte en el camino para despertar tu mensaje de sabiduría que, a través de tu presencia, te libera de la carga de condicionamiento y te invita a trascender los espejismos de lo irreal e incierto. En el camino hacia el despertar, sueltas las sombras del sufrimiento y la aflicción, los dejas ir, para postrarte vacía ante la puerta de tu verdadera naturaleza de liberación.

27

Continuación del río, tu continuación

La vana percepción de separación, de concebirnos como unidades individuales, seres independientes encorsetados en su propia creencia de autosatisfacción, nos impide la visión verdadera sobre nuestra más genuina realidad y nos encadena en una dirección de malestar y sufrimiento. Este ejercicio de meditación nos orienta hacia la comprensión de la verdadera naturaleza del interser que condensa el gran aporte de las enseñanzas del maestro zen Thich Nhat Hanh. En la guía de meditación se nos invita a calmar las percepciones erróneas en base a la imagen de la corriente del agua que deja pasar todos los pensamientos que irrumpen en la mente, y nos encamina hacia la quietud interior requerida para cruzar a la otra orilla del despertar. En la otra orilla, el meditador ha bebido de la fuente de la comprensión verdadera y ha podido observar en profundidad su naturaleza genuina sobre la interconexión de los fenómenos y la verdadera realidad de sí mismo. La imagen del río nos hace de espejo de nuestro propio transcurrir e invita a contemplar el fluir de nuestra vida desde la calma y el desapego.

> Al inspirar, me veo sentado a la orilla de un río.
> Al espirar, mi postura es apacible.
> Sentado a la orilla de un río,
> postura apacible.

Esta imagen nos sitúa en la orilla de un río en la posición de meditación sentada. En nuestra mente hacemos surgir la imagen de un lugar sagrado en un bosque tranquilo que reconforta nuestro interior. El río fluye ante nuestro estado de meditación contemplativo.

Nos visualizamos en una posición que aporte estabilidad para despertar nuestra presencia genuina. El río fluye ante nosotros. Mantenemos la espalda recta, los hombros relajados y el mentón un poco inclinado hacia el pecho. Eres consciente de la postura de tu cuerpo y relajas las tensiones que afloran en él.

> Al inspirar, contemplo el fluir de la corriente.
> Al espirar, los pensamientos van pasando.
> Contemplando el fluir de la corriente,
> pensamientos pasando.

A la orilla del río, en postura sentada y con el cuerpo sosegado, contemplamos la corriente del agua que pasa. Nos dejamos absorber por la realidad que el río nos transmite. Soltamos pensamientos e ideas y nos impregnamos de la verdad del río. Observamos que el río deja ir sus aguas con desprendimiento, sin intención de acapararlas. La corriente se desliza y avanza fluidamente cumpliendo su curso, abierta a su devenir. Y, sin embargo, el río no deja de ser río por dejarla marchar. Al contrario, el río, con su corazón abierto, se convierte en un medio compasivo para que el elemento agua fluya a través de él, entregado y receptivo, como si de un sol resplandeciente se tratara e irradiara luz y amor en todas las direcciones por igual. El río no tiene miedo de quedarse vacío cuando la corriente fluye. Es confiado y desprendido, y su grandeza y apertura invitan al agua a deslizarse por él. Por ello el río puede ser él mismo, su propia naturaleza, que es la de ser río.

El fluir constante de las aguas del río nos sitúa ante el escenario de nuestra mente, de la que emergen destellos de pensamientos que vienen y van sin ton ni son. El estado contemplativo de nuestra mente nos permite adentrarnos en un espacio de quietud y fluidez en el que observamos los pensamientos que brotan en nuestra mente sin identificarnos o agarrarnos a ellos. Pasan como el fluir de las aguas del río, impermanentes, sin perturbar nuestro espacio de sosiego meditativo. Nuestra mente es como un río y las aguas de nuestros pensamientos fluyen serenas sin hallar resistencia en su trayecto hacia el mar.

Al inspirar, el agua bordea los obstáculos.
Al espirar, mis percepciones se disuelven.
Agua bordeando los obstáculos,
percepciones disueltas.

En el transitar de la corriente, contemplamos la sencillez del agua, que en su trayecto bordea sin problemas las piedras, recovecos y obstáculos que a su paso encuentra. Los obstáculos no resultan un impedimento para que la corriente del río transite suavemente encauzando su camino a su propio ritmo. La suavidad y el vigor del elemento agua nos invitan a la reflexión sobre las cualidades de la mente y nos guían en nuestra meditación hacia la flexibilidad, la humildad y la simplicidad que alcanzamos en el navegar de nuestro camino de vida.

La contemplación de la corriente transforma la energía de nuestra mente, y somos conscientes del no aferramiento a las percepciones que surgen en la conciencia. Estas, al no ser atrapadas, no causan obstáculos en el fluir del río de nuestra mente. Notamos las percepciones que brotan en la superficie tranquila de la meditación y las dejamos ir, suavemente, disolviéndose por sí mismas sin obstruir la placidez del navegar de la conciencia.

Al inspirar, atiendo a la melodía del agua.
Al espirar, mi mente es armonía.
Atendiendo a la melodía del agua,
mi mente es armonía.

En un estado apacible, te dejas mecer por la corriente del agua, sorteando los obstáculos, y sin oponer resistencia. El suave transcurrir del agua es una melodía que calma tus sentidos y percepciones cuando enfocas tu atención consciente en la espontaneidad del fluir del río. Nuestra vida también es una melodía con sus propios ritmos y vaivenes constantes. En ese ritmo eterno nos abrimos a un espacio de sosiego inalterable en que hayamos el gozo y la alegría serena.

La verdadera naturaleza del río nos es transmitida a través del melodioso correr incesante del agua que armoniza nuestra mente y nos adentra en el fluir de nuestra quietud sagrada. La melodía del río se hace una al compás de tu cuerpo, mente y espíritu.

Al inspirar, el río sigue su curso.
Al espirar, mi vida sigue su curso.
Río siguiendo su curso,
mi vida siguiendo su curso.

Contemplamos el discurrir de las aguas ante nosotros y nos avocamos a la abundancia y simplicidad del río que, a su paso, todo lo abraza, lo envuelve y lo sana. Ese transcurrir del agua nos enseña la lección del río, que deja soltar serenamente, sin detener, abarcar o almacenar. A la vez, el agua nos muestra su viaje continuo, la corriente inalterable, confiando plenamente en su propio destino, a la deriva generosa de ofrecerse en cuerpo y alma allá donde la sed se revele, entregada a su perpetua continuación.

Nuestra vida es un espejo de ese transcurrir del agua, absorta en su imparable transitar, incapaz de ser detenida y expuesta a su fiel continuación. Cuando caminamos con plena consciencia, como el agua, nos aventuramos generosos en ese eterno viaje hacia ningún lado, hacia la profundidad insondable de uno mismo, transitando en círculos en dirección a la conquista de nuestra verdadera naturaleza.

> Al inspirar, bebo una taza de té a la orilla del río.
> Al espirar, yo soy el río.
> Bebiendo una taza de té a la orilla del río,
> yo soy el río.

La imagen de ti mismo, sentado en estado contemplativo, absorto, bebiendo una taza de té, te transporta a la verdadera naturaleza del río, que es la del interser. Cuando observamos profundamente, desde una mirada clara, comprendemos que la imagen del río no es más que una representación encubierta y matizada de su verdadera y genuina realidad. Más allá de la representación del río existe el verdadero río, que se extiende generoso y humilde en todas las direcciones ofreciéndose abierto y fluido allá donde haya sequía y necesidad. Si miramos profundamente, observamos el río en la taza de té y el agua del río en nuestro propio cuerpo y en nuestra propia continuación. La corriente del río es eterna e imparable y fluye por doquier como una caricia suave, y a veces devastadora, que todo lo baña en su transitar.

La realidad del río nos refleja nuestra auténtica naturaleza del interser. Comprendes que el río y tú mismo no sois dos entidades separadas, sino una única realidad. Ni el río es lo que crees, ni tú eres lo que crees, sino dos caras de la misma moneda del interser. Esta visión profunda nos conduce a cultivar nuestra compasión y a ser conscientes de que estamos continuamente rodeados de nosotros mismos en el círculo eterno de la vida. Esta comprensión nos enternece el alma y nos inspira a abrir nuestro corazón compasivo y a cuidar del planeta y de todos los seres con amor y reverencia. Cuando experimentamos la verdadera naturaleza del río, emprendemos un viaje profundo hacia la otra orilla de nuestra encubierta comprensión y la cálida semilla del despertar brota en nuestro interior.

Al inspirar, celebro la continuación del río.
Al espirar, celebro mi continuación.
Celebrando la continuación del río,
celebrando mi continuación.

Cada segundo es una oportunidad para celebrar la continuación del río que transmite su néctar y esencia en innumerables vías para el despertar de todo el planeta en su vastedad. La transmisión del río nos confiere vigor y colma de gozo la fuente de nuestro cuerpo a través de sus aguas, que impregnan de sabiduría nuestra eterna continuación.

Despertar la mirada comprensiva sobre la realidad del río nos conduce a la visión correcta sobre nuestra verdadera naturaleza de interser en interconexión con todo el universo. La continuación del río es tu propia continuación; tu propia continuación es la continuación del río. Tú estás hecho del río y el río está hecho de ti más allá de tus creencias limitantes y estrechas. Esta intuición nos conduce a la disolución de la pequeñez de nuestras percepciones y nos libera de la confusión y del sufrimiento infundado. Si despertamos la mirada profunda, cada instante es un milagro que se nos invita a celebrar.

28

Cinco entrenamientos
para una ética global

Cuando nuestra aspiración de seguir un camino de vida basado en la plena consciencia y el amor es muy profunda, podemos requerir de unos principios éticos que guíen nuestra práctica y conducta. La meditación guiada que a continuación se ofrece está inspirada en los cinco entrenamientos de la plena consciencia formulados por el maestro zen Thich Nhat Hanh y el Centro de Práctica Plum Village. Como nos sugiere Thich Nhat Hanh, los cinco entrenamientos son una guía moral para una visión ética y global, con el ánimo de encauzar nuestro deseo profundo de felicidad, amor y hermandad como seres individuales, con nuestras familias y comunidades, y con el planeta. Si cultivamos nuestra aspiración profunda y nos entrenamos en estas cinco guías de vida plena, seremos más felices y el mundo tendrá más paz.

Los contenidos recogidos en esta meditación son un extracto de las ideas principales del texto original del maestro zen Thich Nhat Hanh. Como tal, se sugiere revisar el texto original para comprender con mayor profundidad las enseñanzas del maestro en su totalidad y, así, ahondar con más rigor en la práctica de meditación que aquí se ofrece.* Meditar sobre los cinco entrenamientos despierta en nosotros una energía de práctica verdadera, ya que el estado profundo de concienciación que se alcanza puede ayudarnos a cultivar las condiciones adecuadas para un camino de vida noble. Los cinco entrenamientos del maestro Thich Nhat Hanh se vertebran en: 1) reverencia por la vida; 2) verdadera felicidad; 3) verdadero amor; 4) palabra compasiva y escucha profunda, y 5) consumo responsable y salud. Con referencia a la siguiente meditación, se han extraído dos ideas fundamentales sobre cada uno de los entrenamientos, estructuradas en dos estrofas.

Al inspirar, soy consciente de cultivar mi compasión
y reverencia por la vida.
Al espirar, me comprometo a proteger la vida de personas,
animales, plantas y minerales.
Cultivando mi compasión y reverencia por la vida;
protegiendo la vida de personas, animales,
plantas y minerales.

---

*   Para consultar los cinco entrenamientos de la plena consciencia del maestro zen Thich Nhat Hanh, véase su libro *Miedo*, Editorial Kairós: Barcelona, 2013.

La vida es el bien más preciado del que disponemos. Cada vida es una perla en el universo que hemos de cultivar, respetar y celebrar. Todos los seres vivientes (personas, animales, plantas y minerales) son dignos de desenvolver su vida en las condiciones más óptimas posibles para su propio beneficio y el beneficio del planeta. Cuando despiertas tu conciencia al cultivar la compasión y la reverencia hacia la vida, pueden surgir cuestiones como estas: ¿De qué manera practicas tu reverencia por la vida? ¿Qué actitudes y acciones concretas pones en práctica para proteger la vida de personas, animales, plantas y minerales? Proteger la supervivencia de los seres humanos es incompatible, en buena medida, con la protección de otros seres vivientes. ¿De qué manera experimentas esta discordancia en tu camino de vida personal? ¿Qué forma de consumo y alimento utilizas que dañe lo menos posible el equilibrio del ecosistema? ¿De qué manera contribuyes, con tus pensamientos, palabras y actos, a promover la vida y el florecimiento del planeta? Son cuestiones que, a medida que desarrollamos nuestra práctica de meditación, van emergiendo a la superficie de nuestra mente y nos invitan a una mirada profunda, de acuerdo con elecciones clave sobre nuestro modo de vivir y sustento de vida.

Al inspirar, soy consciente de transformar la violencia,
el fanatismo y el dogmatismo en mí mismo y en el mundo.
Al espirar, me comprometo a cultivar mi amplitud de miras,
la no discriminación y el no apego a puntos de vista.

Transformando la violencia, el fanatismo y el dogmatismo;
cultivando mi amplitud de miras, la no discriminación
y el no apego a puntos de vista.

Siendo conscientes de que toda forma de violencia, fanatismo y dogmatismo va en contra de la vida y del desarrollo del potencial de los seres vivientes y del planeta, ¿de qué manera estás actuando para promover el diálogo, la armonía y la paz en situaciones de vida en que el conflicto, el sufrimiento y la discrepancia tienen lugar en el seno de familias, comunidades o naciones? ¿Somos capaces de desarrollar la concentración y la visión correcta para mirar profundamente en el modo de proceder ante ciertas formas de violencia propiciadas por nosotros mismos o por los demás? Somos conscientes de que cultivar la amplitud de miras, la no discriminación y el no apego a puntos de vista, basado en nuestra comprensión y discernimiento de la realidad, nos orientará hacia un camino de vida más armonioso, respetuoso y pacífico para el beneficio de uno mismo y de nuestras comunidades. Y, aun así, ¿cómo actuamos ante ciertos hechos de nuestra vida en relación con pensamientos, palabras y actos, en nosotros y en los demás, especialmente cuando el sufrimiento o abusos están teniendo lugar? La práctica de la meditación y la plena consciencia nos orienta hacia una indagación profunda en nuestro modo de vivir para replantearnos un camino de vida más compasivo, justo y equilibrado para todos los seres vivientes de acuerdo con nuestra comprensión y conciencia.

Al inspirar, soy consciente de cultivar la verdadera felicidad
en mí y en los demás.
Al espirar, me comprometo a practicar la generosidad
en mi pensamiento, palabra y actos.
Cultivando la felicidad en mí y en los demás;
practicando la generosidad en mi pensamiento,
palabra y actos.

Todos los seres deseamos ser felices. Pero no todos experimentamos la verdadera felicidad. ¿Qué entiendes por tu felicidad? ¿Qué te aporta felicidad verdadera? ¿La búsqueda de bienes y poder alguna vez te ofreció una felicidad duradera y plena? Hay quienes creen encontrar la felicidad en la persecución continuada de riquezas, fama, poder y otros sucedáneos en detrimento de la propia salud y de una vida plena que siempre reside en el momento presente. Tal vez la mayor dolencia de este siglo sea la convulsión desmesurada, el estrés y el ansia de satisfacción a toda costa como medio de hallar la felicidad a través de circunstancias externas, creyendo erróneamente que la felicidad es un objetivo a alcanzar en un futuro. Por el contrario, Thich Nhat Hanh apuesta por la felicidad que otorga valor a la vida plena, a la que solo puede accederse a través de la experimentación directa de las condiciones maravillosas que ya están presentes en nuestro interior y a nuestro alrededor. Cuando paramos la convulsión de nuestra mente y enfocamos nuestra atención en la belleza que nos rodea a cada instante, despertamos a la verdadera felicidad que está más próxima de lo que habíamos pensado. De esta forma, somos conscientes de que nuestra verdadera felicidad está conectada con la felicidad de los demás y de nuestro entorno, y no a expensas del sufrimiento de otros seres para nuestro propio beneficio. La felicidad es un proyecto colectivo al que todos tenemos derecho, si bien requiere de diálogo, tolerancia, armonía y grandes dotes de generosidad, comprensión y compasión.

La práctica de la generosidad es una virtud noble que ampara nuestra propia felicidad y la de los demás. Cuando somos generosos a través de los pensamientos, palabras y actos que elegimos, la semilla de la felicidad es regada en el fondo de nuestra conciencia y brota y ejerce una influencia en el exterior. Thich Nhat Hanh y la comunidad de Plum Village nos invitan, a través del segundo entrenamiento, a compartir nuestro tiempo, energía y recursos materiales con aquellos que lo necesitan. Si miramos profundamente, observaremos con claridad que nuestra felicidad y sufrimiento no están separados de la felicidad y sufrimiento de los demás, que el sufrimiento de una parte del planeta o el sufrimiento de nuestro ser querido, nos toca más allá, incluso, de nuestra mera comprensión. Por ello, ampliar la mirada compasiva y practicar la generosidad riega en nuestra mente el amor, el valor de la justicia y nuestra comprensión profunda de interser.

Al inspirar, soy consciente de las condiciones suficientes
de felicidad que ya existen en mí y a mi alrededor.

Al espirar, me comprometo a cultivar mi vocación de vida plena
para reducir el sufrimiento de los seres vivos
y del planeta.
Consciente de las condiciones suficientes de felicidad
que ya existen en mí y a mi alrededor;
cultivando mi vocación de vida plena
para reducir el sufrimiento de los seres vivos y del planeta.

En ocasiones, nuestra ceguera e incapacidad de hallar un espacio de refugio y sosiego en el interior nos impiden despertar a la claridad y comprensión de la verdadera naturaleza de amor y sabiduría que está en nuestro interior y alrededor de nosotros. Thich Nhat Hanh nos dice que tenemos suficiente, que hay condiciones suficientes de felicidad en nuestro interior y alrededor de nosotros. ¿Eres capaz de abrir tus ojos y contemplar los rayos del sol que acarician la tierra, tu piel y las olas relucientes del mar? Sin embargo, las nubes de ignorancia nos impiden ver la belleza que irradia en todas partes. Esta propia ceguera e insatisfacción nos instan a llenar el vacío insaciablemente a través de objetos de nuestra mente que, si bien pueden satisfacer la sensación de vacío a corto plazo, a largo plazo nos mantienen en un déficit crónico de búsqueda constante. Cuando cultivamos la energía de la plena consciencia en el día a día, accedemos a una felicidad más sutil que llena el vacío de conexión y plenitud que todos ansiamos.

En el espacio de sosiego y plenitud interior, la avidez y ansia de búsqueda ya no nos abruman. Nuestra claridad interior nos aporta la visión y el camino correcto para seguir una vocación de vida plena que esté alineada con el compromiso de causar el mínimo daño y sufrimiento a los seres vivos y al planeta. Tomar refugio en una vocación justa, que esté en equilibrio y armonía con el planeta, nos aporta la comprensión y la compasión para cultivar el sustento adecuado en nuestro modo de consumir y alimentarnos. Cuando estamos en sintonía con la energía bondadosa de la plena consciencia, la alegría de la felicidad brota en nuestro cuerpo, mente y conciencia, guiándonos en el camino de un medio de vida ético y saludable.

Al inspirar, soy consciente de cultivar el verdadero amor.
Al espirar, me comprometo a practicar el amor,
la compasión, la alegría y la inclusividad en mí y en los demás.
Cultivando el verdadero amor;
practicando el amor, la compasión, la alegría
y la inclusividad.

La felicidad genera amor. ¿Qué entendemos por amor? Si miramos profundamente en nuestro interior desde una visión clara, contemplaremos la semilla del amor en nuestro corazón. Cuando la semilla de amor verdadero ejerce una influencia en nuestro pensamiento, palabra y actos, todo resplandece ante nosotros; la energía del amor se despliega a nuestro paso. Es, desde la energía de pureza que nace de la visión despierta, que alcanzamos a discernir el amor verdadero del amor ilusorio.

Nos dice Thich Nhat Hanh que el amor verdadero está basado en la comprensión, que el regalo más preciado que podemos ofrecer a los demás es nuestra verdadera presencia. Cuando sientes amor por alguien deseas comprenderle para amarlo mejor e incondicionalmente, y, para comprender a alguien, es necesario estar presente y atento. Amar es un arte que requiere de un entrenamiento para encauzar y educar la energía de nuestros hábitos. A veces, los destellos de los sentidos pueden ser engañosos y crear una falsa percepción de amor en nuestra mente. Solo la mirada clara y sosegada permite contemplar la naturaleza verdadera de nuestro amor.

Entrenarse en el amor requiere de cuatro aspectos que nos sugiere el maestro Thich Nhat Hanh: el amor bondadoso, la compasión, la alegría y la inclusividad. Estas cuatro naturalezas son interdependientes y nos guían en el camino de ampliar los círculos concéntricos de pertenencia para abrazar a todos los seres, próximos y lejanos, conocidos y desconocidos. Cuando aprendemos a amar de verdad, somos capaces de aliviar el sufrimiento y traer comprensión y descanso. La alegría es el frescor del amor que permite que irradie y se renueve a largo término. Cuando abrazamos estos cuatro aspectos en el corazón, nuestro amor es verdadero y puede traer mucho bienestar al mundo.

Al inspirar, soy consciente de respetar mis relaciones afectivas
y las de los demás.
Al espirar, me comprometo a proteger la seguridad
e integridad de individuos, parejas, familias y sociedad.

Respetando mis relaciones afectivas y las de los demás;
protegiendo la seguridad e integridad de individuos,
parejas, familias y sociedad.

La esencia del verdadero amor es el respeto. Si respetas, no deseas poner en riesgo el amor para que este conserve la belleza esencial que le es característica. El amor es tu bien más preciado, por ello deseas que tus relaciones afectivas sean cuidadas con esmero y plena consciencia, para que las semillas de seguridad e integridad puedan florecer en el hogar de tus relaciones. Descuidar o poner en peligro la naturaleza de nuestras relaciones más profundas es lanzar una flecha de sufrimiento en nuestro interior.

Proteger la seguridad e integridad de todas las personas es un bien que entrenamos para cultivar nuestro amor y reverencia hacia la vida. Nuestro nido de amor es una piedra preciosa que irradia en el corazón del mundo. Aprender el arte del amor con nuestros seres queridos es un entrenamiento a través del cual llegamos a ser capaces de respetar a todos los individuos, parejas, familias y sociedad. Nuestro amor no está separado del amor de los demás. Cuando respetamos el amor de los demás, sembramos una semilla de amor y reverencia en el mundo, y juntos crecemos en seguridad y bienestar. ¿Qué pensamientos, palabras y actos riegas en tu vida diaria para cultivar la semilla del amor bondadoso en tu interior y en los demás?

Al inspirar, soy consciente de cultivar la palabra
compasiva y la escucha profunda.
Al espirar, me comprometo a hablar con veracidad
y usar palabras que inspiren confianza, alegría y esperanza.
Cultivando la palabra compasiva y la escucha profunda;
hablando con veracidad y usando palabras que inspiren
confianza, alegría y esperanza.

La palabra es una forma de acción que expresamos a través del habla. Nuestros pensamientos, palabras y actos están interrelacionados, y en ellos habita el poder de causar sufrimiento o comprensión. Si deseamos practicar de manera genuina, es clave cuidar de la palabra y de la escucha. ¿Te has parado a observar en un día concreto de tu vida cuál es la energía de las palabras que expresas en tu interior o con las personas que te rodean? ¿Crees que puedes ser más consciente con la energía de tus palabras en ciertos contextos o con ciertas personas? Cuando somos conscientes de usar el habla para expresar nuestra plena consciencia, nuestras palabras son un espejo de nuestra aspiración profunda. De igual manera, cuando en nuestra mente hay calma y sosiego, hay espacio en nosotros para escuchar profundamente y ofrecer espacio al otro para expresarse de verdad. La escucha profunda genera alivio, descanso y liberación en aquel que desea expresar sus sentimientos más genuinos. De esta forma, nuestras palabras son un arma para hacer el bien o el mal dependiendo de la calidad de nuestra energía de plena consciencia. A veces malgastamos nuestra energía al usar palabras inconscientes que no riegan la semilla del despertar ni en nosotros ni en los demás. Cuando generamos un espacio de silencio en nuestro interior a través de la meditación y la contemplación, las palabras se convierten en flores en nuestra conciencia y los demás acceden a un espacio de energía sanador y transformador.

Cuando nuestra mente está en calma, reflejamos las cosas tal como son. En ese espacio diáfano nuestras palabras emergen puras y sanadoras, y nuestras semillas brotan como perlas en el mundo de las formas. Pero cuando nuestra mente está nublada, distraída o cubierta de percepciones erróneas, nuestras palabras son como nubes negras en un cielo infinito. En nuestro interior habita el poder de hacer emerger palabras que inspiren confianza, alegría y esperanza, aun cuando la desazón y el desánimo enturbien nuestro espacio mental. Cuando cultivamos la respiración consciente, nuestra atención es el instrumento que mide la calidad de nuestras palabras. Solo a través del habla amorosa y compasiva hallamos comprensión en los demás y cultivamos relaciones en que la confianza y el respeto sean la base de nuestra intención.

Al inspirar, soy consciente de usar la palabra y la escucha para promover la paz y fomentar la reconciliación en mí mismo, con otras personas y comunidades.
Al espirar, me comprometo a usar la comunicación y el diálogo para transformar el sufrimiento
y encontrar caminos para liberarnos del miedo y la violencia.

Promoviendo la paz y fomentando la reconciliación;
transformando el sufrimiento y encontrando caminos
para liberarnos del miedo y la violencia.

Cuando nos entrenamos en el arte de la comunicación compasiva, las palabras se convierten en el medio a través del cual promovemos valores esenciales de vida como la paz, la comprensión y el amor. ¿Has probado, de manera intencionada y a través de la palabra compasiva, a regar las flores y renovar la relación con alguien con quien tienes dificultades? La escucha profunda nos guía en el camino de comprender la esencia e intención profunda del otro para abrir vías hacia la reconciliación. Cuando la intención está al servicio de la comprensión y la compasión, las palabras son flores que emergen de nuestra mente. Si nuestra atención es débil y nuestras palabras surgen de una mente enturbiada, proyectaremos desarmonía en el otro, e igualmente recibimos desarmonía por su parte.

Nuestras palabras son actos de nuestra energía interior. A través de ellas transmitimos la esencia de nuestra intención y aspiración más profunda. Por medio del buen uso de las palabras nos liberamos de percepciones erróneas y formaciones mentales nocivas al poner la palabra al servicio de la reconciliación y la comprensión. Cuando expresamos el sufrimiento que albergamos en nuestro interior conscientemente, y el otro nos ofrece un espacio de apertura y escucha profunda, es posible sanar las semillas nocivas de nuestra mente y transformar nuestra percepción y comprensión. La palabra compasiva y la escucha profunda tienen el poder de liberarnos de las semillas de sufrimiento que residen en la mente colectiva del planeta. Una palabra nuestra bastará para sanarnos.

> Al inspirar, soy consciente de cultivar el consumo
> responsable y saludable.
> Al espirar, me comprometo a llevar una dieta saludable
> de alimentos comestibles, impresiones sensoriales,
> volición y conciencia.
> Cultivando el consumo responsable y saludable;
> llevando una dieta saludable de alimentos comestibles,
> impresiones sensoriales, volición y conciencia.

Nuestro consumo tiene un impacto en nuestra salud y en el planeta. En las sociedades actuales disponemos de todo tipo de bienes que podemos adquirir y consumir libremente. Sin embargo, nuestra verdadera libertad va más allá de una libertad ciega e irresponsable. ¿Qué clase de consumo riega nuestras semillas saludables y compasivas? ¿Cómo usar nuestra libertad de consumo al servicio de nuestra salud y de la del planeta? Cuando practicamos la plena consciencia, accedemos a un espacio de reflexión consciente en que hay más apertura para considerar cómo los productos que consumimos impactan en nuestro cuerpo, mente y conciencia. Asimismo, hemos de observar profundamente nuestra energía del hábito para entrenar la voluntad de elegir con más responsabilidad y compasión. Necesitamos regar las semillas de la atención consciente para despertar nuestra mirada profunda y decidir qué alimentos protegen nuestra aspiración profunda y reverencia por la vida. Cuando despertamos a la realidad de las condiciones suficientes de felicidad que ya existen aquí y ahora en nuestro interior y alrededor de nosotros, podemos prescindir de muchas cosas en beneficio de nuestro bienestar, el de nuestras familias y el del planeta.

Para seguir una dieta saludable y compasiva, Thich Nhat Hanh nos recomienda ser conscientes del alimento que ingerimos, las impresiones sensoriales con las que entramos en contacto a través de los órganos sensoriales (vista, olfato, tacto, gusto, oído y conciencia), nuestro deseo o aspiración profunda y la conciencia colectiva de los ambientes o comunidades a las que pertenecemos. Estos cuatro contactos nos conectan con el mundo y nos inspiran hacia un camino de desarrollo y crecimiento. En base a la energía de plena consciencia con que entramos en contacto con estos fenómenos, estos se convertirán en un medio a través del cual nuestro bienestar, felicidad y nutrición se consolidarán o, por el contrario, serán el medio a través del cual permaneceremos en un estado de ceguera, ilusión o enfermedad. La atención consciente es la brújula que nos guía en el camino para crecer y despertar a las maravillas que se están manifestando segundo a segundo en este precioso planeta. Depende, en buena parte, de nuestra voluntad y de las semillas que nutrimos en nuestra conciencia para emanciparnos de nuestra condición de ilusión y estrechez.

Al inspirar, soy consciente de no compensar mi soledad
o sufrimiento mediante el consumo irreflexivo.
Al espirar, me comprometo a nutrir mi naturaleza
del interser y consumir de forma que preserve la paz,
la alegría y el bienestar en mi cuerpo y conciencia,
así como en la de mi familia y sociedad.
Consciente de no compensar mi soledad o sufrimiento
mediante el consumo irreflexivo;
nutriendo mi naturaleza del interser y consumiendo
de forma que preserve la paz, la alegría y el bienestar.

La soledad y el sufrimiento son estados naturales que se manifiestan en algunas etapas de la vida y que nos informan de
que nuestra percepción es ilusoria al sentirnos separados de
nuestra verdadera naturaleza del interser. Somos conscientes
de que el sufrimiento forma parte de la condición humana.
Pero también tenemos unas prácticas concretas y un camino
de vida basado en la plena consciencia que nos libera de las
aflicciones y la ilusión. El consumo irreflexivo es la práctica
más común cuando la ilusión nubla nuestra mente. La sensación de vacío e insatisfacción necesita ser llenada de algo
que colme el dolor que provoca el sufrimiento, la soledad y
la sensación de separación. Estos estados generan sensaciones y formaciones mentales en el cuerpo y en la mente que
nos informan de nuestro estado físico, emocional y mental.
Cuando sientes el ansia de comer algo poco saludable, ¿qué
sensaciones surgen en tu cuerpo? ¿Eres capaz de canalizar

las sensaciones en tu cuerpo y los estados de tu mente hacia conductas más saludables y beneficiosas para ti y el planeta? Cuando somos capaces de reconocer nuestras aflicciones y estados mentales difíciles con atención, comienza nuestra libertad para elegir un camino más saludable y bondadoso para nosotros, nuestras familias y el planeta.

El consumo de alimentos que preserve la paz, la alegría y el bienestar es nuestro más sabio remedio para prevenir y contrarrestar estados dañinos que nos restan energía y riegan las semillas insanas de nuestra mente. Mantener el cuerpo, la mente y la conciencia sanos con un consumo responsable y saludable es el mejor método preventivo que podemos llevar para vivir al máximo de nuestro potencial e ideal de vida. De esta forma, los productos que causan el mínimo daño a los seres vivos y al planeta y que nutren un camino pleno en nuestras familias y comunidades fortalecen el propósito de servicio de nuestra verdadera realización y despertar.

Meditaciones para un camino pleno

Enlace a todas las meditaciones:
https://www.letraskairos.com/el-despertar-de-tu-presencia

El cosmos en una semilla

1

Los cuatro elementos en una semilla

Al inspirar, me veo como una semilla.
Al espirar, una joya brota en mí.
Yo como una semilla,
una joya brotando en mí.

Al inspirar, me dejo abrazar por la tierra.
Al espirar, confío plenamente.
En brazos de la tierra,
confiando.

Al inspirar, el aire me esparce en todas las direcciones.
Al espirar, mi compasión irradia lejos.
Esparcida en todas las direcciones,
mi compasión irradiando.

Al inspirar, me dejo regar por el agua de la lluvia.
Al espirar, me siento fresca.
Regada por el agua de la lluvia,
fresca.

Al inspirar, el fuego me transmite calidez.
Al espirar, me siento amable.
Cálida por la transmisión del fuego,
amable.

Al inspirar, los cuatro elementos (tierra, aire, agua y fuego) brillan en mí.
Al espirar, una joya ha florecido.
Los cuatro elementos brillando,
una joya en flor.

2

Tu respiración es el océano del cosmos

Al inspirar, me veo a mí mismo sentado a la orilla del océano.
Al espirar, mi postura es estable.
Sentado a la orilla del océano;
mi postura, estable.

Al inspirar, mi inspiración es una ola que penetra en el océano.
Al espirar, mi espiración es una ola que se aboca a la orilla.
Mi inspiración, una ola penetrando en el océano;
mi espiración, una ola abocándose a la orilla.

Al inspirar, contemplo la amplitud de la ola en el transcurso de mi inspiración.
Al espirar, contemplo la amplitud de la ola en el transcurso de mi espiración.
Amplitud de la ola en el transcurso de mi inspiración,
amplitud de la ola en el transcurso de mi espiración.

Al inspirar, el recorrido de la ola se hace profundo en mi inspiración.
Al espirar, el recorrido de la ola se hace lento en mi espiración.
El recorrido de la ola se hace profundo,
el recorrido de la ola se hace lento.

Al inspirar, contemplo la belleza de la ola en sí misma.
Al espirar, disfruto del instante eterno que es la ola.
Contemplando la belleza de la ola,
disfrutando del instante eterno.

Al inspirar, contemplo el surgimiento de la ola en su despertar.
Al espirar, contemplo la extinción de la ola en su espiración.
Surgimiento de la ola en su despertar,
extinción de la ola en su espiración.

Al inspirar, el mar se ha calmado y es transparente.
Al espirar, un rayo de sol se refleja en la profundidad del océano.
El mar, calmado y transparente;
un rayo de sol reflejando en la profundidad del océano.

Al inspirar, la ola no es diferente del océano.
Al espirar, el océano no es diferente de la ola.
Ola, no diferente del océano;
océano, no diferente de la ola.

Al inspirar, el océano fluye a través de mis venas.
Al espirar, mi naturaleza es de la naturaleza del océano.
El océano fluyendo a través de mis venas;
mi naturaleza, de la naturaleza del océano.

Al inspirar, mi inspiración es el océano del cosmos.
Al espirar, mi espiración es el espacio eterno.
Mi inspiración, el océano del cosmos;
mi espiración, el espacio eterno.

Al inspirar, me rindo a mi verdadera magnitud.
Al espirar, el momento presente es mi verdadera morada.
Rendido a mi verdadera magnitud;
momento presente, mi verdadera morada.

3

Tu propio hogar, tu propia isla

Al inspirar, sé que estoy inspirando.
Al espirar, sé que estoy espirando.
Inspiro,
espiro.

Al inspirar, mi cuerpo es mi propio hogar.
Al espirar, en mi propio hogar me relajo.
Mi cuerpo, mi propio hogar;
relajándome.

Al inspirar, mi hogar se vuelve sosegado y apacible.
Al espirar, mi cuerpo sonríe.
Mi hogar, sosegado y apacible;
mi cuerpo sonriendo.

Al inspirar, mi isla es mi propio hogar.
Al espirar, me refugio en mí mismo.
Mi isla, mi propio hogar;
refugiándome.

Al inspirar, mi isla es mi propia paz.
Al espirar, me siento estable.
Mi isla, mi propia paz;
estable.

Al inspirar, yo soy mi propio hogar.
Al espirar, yo soy mi propia isla.
Yo soy mi hogar,
yo soy mi isla.

Al inspirar, mi hogar es el momento presente.
Al espirar, mi isla es libertad.
Momento presente,
libre.

4

Consciente de tu cuerpo, agradeciendo

Al inspirar, soy consciente de mi respiración como alimento.
Al espirar, agradezco la respiración que sustenta a mi cuerpo.
Consciente de mi respiración como alimento,
agradeciendo.

Al inspirar, soy consciente de la totalidad de mi cuerpo.
Al espirar, agradezco al organismo vivo que es mi cuerpo.
Consciente de la totalidad de mi cuerpo,
agradeciendo.

Al inspirar, soy consciente de mi pierna derecha.
Al espirar, agradezco la dicha de caminar libremente.
Consciente de mi pierna derecha,
agradeciendo.

Al inspirar, soy consciente de mi ojo izquierdo.
Al espirar, agradezco la contemplación de un cielo azul.
Consciente de mi ojo izquierdo,
agradeciendo.

Al inspirar, soy consciente de mi corazón.
Al espirar, agradezco el latido hondo de mi palpitar.
Consciente de mi corazón,
agradeciendo.

Al inspirar, soy consciente de mi mano derecha.
Al espirar, agradezco la caricia cariñosa a mi ser querido.
Consciente de mi mano derecha,
agradeciendo.

Al inspirar, soy consciente de mis labios.
Al espirar, agradezco la dulzura de mi leve sonrisa.
Consciente de mis labios,
agradeciendo.

Al inspirar, soy consciente de mi pie izquierdo.
Al espirar, agradezco el contacto con la tierra húmeda.
Consciente de mi pie izquierdo,
agradeciendo.

Al inspirar, soy consciente de mi nariz.
Al espirar, agradezco el perfume de mi respiración consciente.
Consciente de mi nariz,
agradeciendo.

Al inspirar, soy consciente de mi pecho derecho.
Al espirar, agradezco la leche que nutre la vida.
Consciente de mi pecho derecho,
agradeciendo.

Al inspirar, soy consciente de mi espalda.
Al espirar, agradezco el pilar de mi postura estable.
Consciente de mi espalda,
agradeciendo.

Al inspirar, soy consciente de la relajación de mi cuerpo.
Al espirar, agradezco el hogar cálido de mi cuerpo.
Consciente de la relajación del cuerpo,
agradeciendo.

5

Tus padres, el amor del cosmos

Al inspirar, mis pies son dos raíces sólidas.
Al espirar, la energía de mis padres fluye por mis dos pies.
Mis pies, dos raíces sólidas;
la energía de mis padres fluyendo por mis dos pies.

Al inspirar, mi pie derecho transmite la energía amorosa de mi madre.
Al espirar, miro profundamente en las semillas de amor que hay en mi madre.
Pie derecho transmitiendo la energía amorosa de mi madre,
mirando profundamente en las semillas de amor en mi madre.

Al inspirar, mi pie izquierdo transmite la energía bondadosa de mi padre.
Al espirar, miro profundamente en las semillas de bondad que hay en mi padre.
Pie izquierdo transmitiendo la energía bondadosa de mi padre,
mirando profundamente en las semillas de bondad en mi padre.

Al inspirar, con mi pie derecho mi madre planta semillas de amor.
Al espirar, con mi pie izquierdo mi padre planta semillas de bondad.
Pie derecho, madre plantando semillas de amor;
pie izquierdo, padre plantando semillas de bondad.

Al inspirar, la tierra es la transmisión de mi madre amorosa.
Al espirar, la tierra es la transmisión de mi padre bondadoso.
La tierra, la transmisión de mi madre amorosa;
la tierra, la transmisión de mi padre bondadoso.

Al inspirar, en mi corazón florece mi madre amorosa.
Al espirar, en mi corazón florece mi padre bondadoso.
Mi madre amorosa en mi corazón,
mi padre bondadoso en mi corazón.

Al inspirar, mi amor es fruto de mi madre.
Al espirar, mi paz es fruto de mi padre.
Mi amor, fruto de mi madre;
mi paz, fruto de mi padre.

Al inspirar, mi continuación es el amor de mi madre.
Al espirar, mi continuación es la bondad de mi padre.
Mi continuación, amor de mi madre;
mi continuación, bondad de mi padre.

Al inspirar, el cosmos es la transmisión del amor de mi madre.
Al espirar, el cosmos es la transmisión de la bondad de mi padre.
El cosmos, la transmisión del amor de mi madre;
el cosmos, la transmisión de la bondad de mi padre.

6

Dieta nutritiva para tu conciencia

Al inspirar, el aire que entra nutre mi cuerpo.
Al espirar, el aire que sale nutre mi entorno.
Aire que entra nutriendo mi cuerpo,
aire que sale nutriendo mi entorno.

Al inspirar, me refugio en una dieta saludable para mi cuerpo.
Al espirar, mis células están felices.
Refugiándome en una dieta saludable para mi cuerpo,
células felices.

Al inspirar, me refugio en una dieta compasiva para el planeta.
Al espirar, los animales están felices.
Refugiándome en una dieta compasiva para el planeta,
animales felices.

Al inspirar, me refugio en los elementos nutritivos y refrescantes
que me envuelven.
Al espirar, mis órganos sensoriales (ojos, oídos, lengua, piel, nariz)
están felices.
Refugiándome en los elementos nutritivos y refrescantes
que me envuelven,
órganos sensoriales felices.

Al inspirar, me refugio en mi aspiración más profunda.
Al espirar, mi mente está feliz.
Refugiándome en mi aspiración más profunda,
mente feliz.

Al inspirar, me refugio en la conciencia colectiva de mi *Sangha*.
Al espirar, la *Sangha* está feliz.
Refugiándome en la conciencia colectiva de mi *Sangha*,
Sangha feliz.

7

El planeta reside en tu plato

Al inspirar, me nutro del alimento de mi inspiración.
Al espirar, me nutro del alimento de mi espiración.
Nutriéndome del alimento de mi inspiración,
nutriéndome del alimento de mi espiración.

Al inspirar, mi comida es fruto de la tierra, del cielo, de la lluvia y del sol.
Al espirar, agradezco el regalo de innumerables seres y condiciones.
Mi comida es fruto del universo,
agradeciendo el regalo de innumerables seres y condiciones.

Al inspirar, soy consciente de la belleza del paisaje de colores en mi plato.
Al espirar, disfruto de cada bocado con dignidad y reverencia.
La belleza del paisaje en mi plato,
disfrutando con dignidad y reverencia.

Al inspirar, con cada bocado nutro las semillas de compasión en mi cuerpo,
mente y conciencia.
Al espirar, me dispongo a comer con moderación y plena consciencia.
Nutriendo las semillas de compasión con cada bocado,
dispuesto a comer con moderación y plena consciencia.

Al inspirar, soy consciente de mi hábito en el modo de alimentarme.
Al espirar, observo profundamente las consecuencias para mi salud en la
elección de mi sustento.
Consciente de mi hábito en el modo de alimentarme,
observando profundamente las consecuencias para mi salud.

Al inspirar, consumo de forma responsable para causar el mínimo daño
a los seres vivos y al planeta.
Al espirar, observo profundamente las consecuencias para el planeta
en la elección de mi sustento.
Consumiendo de forma responsable para causar el mínimo daño,
observando profundamente las consecuencias para el planeta.

Al inspirar, me acojo a una dieta saludable y compasiva para nutrir mi práctica
y vocación de servicio.
Al espirar, soy consciente de que mi propia felicidad depende de la felicidad
del planeta.
Nutriendo mi vocación con una dieta saludable y compasiva,
mi propia felicidad depende de la felicidad del planeta.

8

Despertando tus conciencias sensoriales

Al inspirar, la energía de la plena consciencia está en mí.
Al espirar, la energía de la concentración está en mí.
Energía de la plena consciencia en mí,
energía de la concentración en mí.

Al inspirar, soy consciente de mis dos ojos.
Al espirar, estoy en contacto con el esplendor de un amanecer.
Consciente de mis dos ojos,
en contacto con el esplendor de un amanecer.

Al inspirar, soy consciente de mi nariz.
Al espirar, estoy en contacto con el olor de la tierra mojada
después de la lluvia.
Consciente de mi nariz,
en contacto con el olor de la tierra mojada después de la lluvia.

Al inspirar, soy consciente de mi lengua.
Al espirar, estoy en contacto con el jugo de una mandarina en mi boca.
Consciente de mi lengua,
en contacto con el jugo de una mandarina en mi boca.

Al inspirar, soy consciente de mis oídos.
Al espirar, estoy en contacto con el sonido de los grillos en la noche.
Consciente de mis oídos,
en contacto con el sonido de los grillos en la noche.

Al inspirar, soy consciente de mi cuerpo.
Al espirar, estoy en contacto con el abrazo cariñoso de un ser querido.
Consciente de mi cuerpo,
en contacto con el abrazo cariñoso de un ser querido.

Al inspirar, soy consciente de los elementos refrescantes que hay
a mi alrededor.
Al espirar, estoy en contacto con los elementos refrescantes que hay en mí.
Consciente de los elementos refrescantes a mi alrededor,
consciente de los elementos refrescantes en mí.

9

Contacto con las condiciones maravillosas

Al inspirar, estoy en contacto con los primeros rayos del sol en la mañana.
Al espirar, me siento en calma.
En contacto con los primeros rayos del sol en la mañana,
en calma.

Al inspirar, estoy en contacto con el canto de los pájaros en un cielo abierto.
Al espirar, me siento alegre.
En contacto con el canto de los pájaros en un cielo abierto,
alegre.

Al inspirar, estoy en contacto con la brisa del aire refrescando mi cara.
Al espirar, me siento renovado.
En contacto con la brisa del aire refrescando mi cara,
renovado.

Al inspirar, estoy en contacto con una fruta sabrosa en mi boca.
Al espirar, me siento nutrido.
En contacto con una fruta sabrosa en mi boca,
nutrido.

Al inspirar, estoy en contacto con la tierra que abraza mis pies a cada paso.
Al espirar, me siento sólido.
En contacto con la tierra que abraza mis pies a cada paso,
sólido.

Al inspirar, estoy en contacto con un cielo estrellado en la noche.
Al espirar, me siento sereno.
En contacto con un cielo estrellado en la noche,
sereno.

Al inspirar, el día contiene condiciones maravillosas para vivir despierto.
Al espirar, hay belleza en cada instante.
En contacto con las condiciones maravillosas para vivir despierto,
belleza en cada instante.

10

Condiciones maravillosas en el día de hoy

Al inspirar, soy consciente del día de hoy.
Al espirar, me abro a las sensaciones que genera el día de hoy en mi cuerpo.
Consciente del día de hoy,
sensaciones en mi cuerpo.

Al inspirar, soy consciente de una experiencia agradable que haya tenido
lugar en el día de hoy.
Al espirar, me siento agradecido.
Experiencia agradable en el día de hoy,
agradecido.

Al inspirar, conecto con la emoción de esa experiencia agradable en mi corazón.
Al espirar, extiendo la emoción agradable por todo mi cuerpo y a mi alrededor.
Emoción agradable en mi corazón,
extendiéndola por todo mi cuerpo y a mi alrededor.

Al inspirar, me abro a las condiciones maravillosas que hay en mi interior.
Al espirar, me abro a las condiciones maravillosas que hay a mi alrededor.
Condiciones maravillosas en mi interior,
condiciones maravillosas a mi alrededor.

Al inspirar, hoy es un día único e irrepetible.
Al espirar, la plena consciencia está en mi interior y a mi alrededor.
Día único e irrepetible,
la plena consciencia en mi interior y a mi alrededor.

11

Celebrando las condiciones favorables

Al inspirar, invito a todas las células de mi cuerpo a respirar conmigo
en este instante.
Al espirar, celebro con gratitud la comunidad de células de mi cuerpo.
Todas las células de mi cuerpo respirando conmigo,
celebrando con gratitud.

Al inspirar, invito a todos los elementos refrescantes de la naturaleza
(la brisa, el perfume de los pinos, la lluvia, el canto de los pájaros) a brillar
en mi corazón.
Al espirar, celebro con gratitud la comunidad de elementos refrescantes
de la naturaleza.
Los elementos refrescantes de la naturaleza brillando en mi corazón,
celebrando con gratitud.

Al inspirar, invito a la sabiduría de todos mis seres queridos (del pasado,
del presente y del futuro) a irradiar paz conmigo.
Al espirar, celebro con gratitud la sabiduría de la comunidad de mis seres
queridos.
La sabiduría de mis seres queridos irradiando paz conmigo,
celebrando con gratitud.

Al inspirar, invito a la energía colectiva de todos mis amigos espirituales
a transformar mi comprensión.
Al espirar, celebro con gratitud la energía colectiva de la comunidad de
amigos espirituales.
La energía colectiva de mis amigos espirituales transformando
mi comprensión,
celebrando con gratitud.

Al inspirar, invito a la conciencia sanadora de todo el cosmos a alumbrar
mi visión.
Al espirar, celebro con gratitud la conciencia sanadora de toda la comunidad
del cosmos.
La conciencia sanadora de todo el cosmos alumbrando mi visión,
celebrando con gratitud.

Al inspirar, invito a todas las condiciones favorables (a las células de mi
cuerpo, a los elementos refrescantes de la naturaleza, a mis seres queridos,
a mis amigos espirituales, a la conciencia sanadora de todo el cosmos) a
apoyarme en el sendero de mi despertar.
Al espirar, celebro con gratitud todas las comunidades amorosas
que me apoyan.
Todas las condiciones favorables apoyándome en el sendero de mi despertar,
celebrando con gratitud.

EL FLORECER DEL JARDÍN

12

Tu mente es un jardín

Al inspirar, mi mente es un jardín de flores.
Al espirar, contemplo mi propio paisaje desde la distancia.
Mi mente, un jardín de flores;
contemplando mi propio paisaje desde la distancia.

Al inspirar, soy jardinero de mi propia mente.
Al espirar, mi vocación es mi aspiración profunda.
Jardinero de mi propia mente;
mi vocación, mi aspiración profunda.

Al inspirar, me paseo en plena consciencia por el paisaje de mi mente.
Al espirar, planto semillas de paz a cada paso.
Paseando en plena consciencia por el paisaje de mi mente,
plantando semillas de paz a cada paso.

Al inspirar, riego las semillas con el agua clara de mi fuente.
Al espirar, mi jardín es fértil y fresco.
Regando las semillas con el agua clara de mi fuente;
mi jardín, fértil y fresco.

Al inspirar, el barro de mi corazón abona la tierra.
Al espirar, la maleza es el nutriente de mi renovación.
El barro de mi corazón abonando la tierra;
la maleza, el nutriente de mi renovación.

Al inspirar, observo profundamente la magnitud de mi jardín.
Al espirar, reposo en el silencio de mi hogar cálido.
Observando profundamente la magnitud de mi jardín,
reposando en el silencio de mi hogar cálido.

Al inspirar, me comprometo a cultivar mi jardín de flores.
Al espirar, la fragancia de mi mente es inmaculada.
Comprometido a cultivar mi jardín de flores,
la fragancia de mi mente es inmaculada.

13

Abrazando emociones difíciles

Al inspirar, me refugio en la energía sanadora de mi inspiración.
Al espirar, me refugio en la energía sanadora de mi espiración.
Energía sanadora de mi inspiración,
energía sanadora de mi espiración.

Al inspirar, me abro a la energía de las sensaciones en mi cuerpo.
Al espirar, estoy presente para la energía de las sensaciones en mi cuerpo.
Abriéndome a la energía de las sensaciones,
estando presente.

Al inspirar, reconozco la energía de una emoción difícil habitando mi cuerpo.
Al espirar, acepto la energía de la emoción difícil habitando mi cuerpo.
Reconociendo la energía de una emoción difícil en mi cuerpo,
aceptándola.

Al inspirar, abrazo la energía de la emoción difícil en mi cuerpo.
Al espirar, calmo la energía de la emoción difícil en mi cuerpo.
Abrazando la energía de la emoción difícil en mi cuerpo,
calmando.

Al inspirar, soy consciente de que la energía de la emoción difícil afecta
a mi mente.
Al espirar, observo profundamente cómo la energía de la emoción difícil
actúa en mi mente.
Energía de la emoción difícil afectando a mi mente,
observando profundamente cómo actúa.

Al inspirar, soy consciente de que mis percepciones y formaciones mentales afectan a mi cuerpo.
Al espirar, miro profundamente en la naturaleza ilusoria de mis percepciones y formaciones que afloran en mi mente.
Consciente de mis percepciones y formaciones mentales afectando a mi cuerpo,
mirando profundamente en la naturaleza ilusoria de mis percepciones y formaciones mentales.

Al inspirar, soy consciente de que hay causas y condiciones que me han generado la energía de la emoción difícil.
Al espirar, observo profundamente las causas y condiciones que me han generado la energía de la emoción difícil.
Consciente de las causas y condiciones que me han generado la energía de la emoción difícil,
observando profundamente.

Al inspirar, me comprometo a cultivar el pensamiento, la palabra o la acción compasiva para comenzar de nuevo conmigo y con los demás.
Al espirar, soy consciente de que la comprensión de mi propio sufrimiento es la salida para una vida en paz y armonía.
Comprometido a cultivar el pensamiento, la palabra o la acción compasiva para comenzar de nuevo;
consciente de que la comprensión de mi sufrimiento es la salida.

Al inspirar, me comprometo a no regar pensamientos, palabras o acciones que desencadenen la energía de la emoción difícil.
Al espirar, me comprometo a nutrir la voluntad de cuidar de mi cuerpo y mente.
Comprometido a no regar pensamientos, palabras o acciones que desencadenen la energía de la emoción difícil;
comprometido a nutrir la voluntad de cuidar de mi cuerpo y mente.

Al inspirar, me refugio en la energía sanadora de mi inspiración.
Al espirar, me refugio en la energía sanadora de mi espiración.
Energía sanadora de mi inspiración,
energía sanadora de mi espiración.

14

Tu niño herido, un sol radiante

Al inspirar, mi niño interior inspira conmigo.
Al espirar, mi niño interior espira conmigo.
Mi niño inspirando conmigo,
mi niño espirando conmigo.

Al inspirar, mi niño interior reside en mi propio cuerpo.
Al espirar, mi niño interior es mi propio hogar.
Mi niño residiendo en mi propio cuerpo;
mi niño, mi propio hogar.

Al inspirar, mi hogar está en llamas.
Al espirar, mi niño interior está herido.
Mi hogar, en llamas;
mi niño, herido.

Al inspirar, observo profundamente en mi propio hogar.
Al espirar, escucho profundamente los lamentos de mi niño herido.
Observando profundamente en mi propio hogar,
escuchando profundamente los lamentos de mi niño herido.

Al inspirar, en mi hogar entra un rayo de sol.
Al espirar, el sol acaricia las heridas de mi niño.
Entrando un rayo de sol en mi hogar,
el sol acariciando las heridas de mi niño.

Al inspirar, mi hogar es un espacio cálido.
Al espirar, mi niño reposa en mi corazón.
Mi hogar, un espacio cálido;
mi niño, reposando en mi corazón.

Al inspirar, mi corazón es mi hogar.
Al espirar, mi niño irradia luz.
Mi corazón, mi hogar;
mi niño, irradiando luz.

Al inspirar, mi corazón es un sol radiante.
Al espirar, mi niño es una joya preciosa.
Mi corazón, un sol radiante;
mi niño, una joya preciosa.

Al inspirar, cultivo un hogar hermoso para mi niño.
Al espirar, la plena consciencia es un refugio seguro para mí.
Cultivando un hogar hermoso para mi niño;
la plena consciencia, un refugio seguro para mí.

15

Tu clima de nubes de colores

Al inspirar, contemplo un cielo cubierto de nubes.
Al espirar, coloreo las nubes con los colores de mi clima interior.
Cielo cubierto de nubes,
colores de mi clima interior.

Al inspirar, contemplo una nube de color feliz.
Al espirar, sonrío a la nube de color feliz.
Nube de color feliz,
sonriendo.

Al inspirar, alcanzo con mi mano la nube de color feliz.
Al espirar, coloco la nube de color feliz en mi corazón.
Alcanzando con mi mano la nube de color feliz,
nube de color feliz en mi corazón.

Al inspirar, contemplo una nube de color triste.
Al espirar, sonrío a la nube de color triste.
Nube de color triste,
sonriendo.

Al inspirar, alcanzo con mi mano la nube de color triste.
Al espirar, la acuno suavemente en mis brazos.
Alcanzando con mi mano la nube de color triste,
acunándola suavemente en mis brazos.

Al inspirar, la nube de color triste deja de llover.
Al espirar, coloco la nube de color triste en mi corazón.
Nube de color triste dejando de llover,
nube de color triste en mi corazón.

Al inspirar, la nube de color feliz y la nube de color triste
se dan la mano en mi corazón.
Al espirar, mi clima interior es un arcoíris de colores.
Nube de color feliz y nube de color triste dándose la mano en mi corazón;
mi clima interior, un arcoíris de colores.

16

Soy bella, soy yo misma

Al inspirar, sé que estoy inspirando.
Al espirar, sé que estoy espirando.
Inspiro,
espiro.

Al inspirar, soy consciente del oleaje de sensaciones en mi cuerpo.
Al espirar, acepto el oleaje de sensaciones en mi cuerpo con ternura.
Consciente del oleaje de sensaciones,
aceptando con ternura.

Al inspirar, soy consciente de una semilla agradable en mi mente.
Al espirar, acepto la semilla agradable con ternura.
Consciente de una semilla agradable,
aceptando con ternura.

Al inspirar, soy consciente de una semilla desagradable en mi mente.
Al espirar, acepto la semilla desagradable con ternura.
Consciente de una semilla desagradable,
aceptando con ternura.

Al inspirar, soy consciente de un espacio ilimitado en mi mente.
Al espirar, acepto el espacio ilimitado que es mi mente con ternura.
Consciente de un espacio ilimitado,
aceptando con ternura.

Al inspirar, soy consciente de mí misma.
Al espirar, me acepto tal como soy con ternura.
Consciente de mí misma,
aceptando con ternura.

Al inspirar, soy bella.
Al espirar, soy yo misma.
Soy bella,
soy yo misma.

17

Los cuatro inconmensurables

Al inspirar, el aire entrando es un bálsamo de paz.
Al espirar, el aire saliendo es un bálsamo de luz.
Aire entrando, un bálsamo de paz;
aire saliendo, un bálsamo de luz.

Al inspirar, mi cuerpo es un haz de paz.
Al espirar, mi mente es un haz de luz.
Mi cuerpo, un haz de paz;
mi mente, un haz de luz.

Al inspirar, de mi corazón irradia amor bondadoso.
Al espirar, mi felicidad brilla lejos.
Irradiando amor bondadoso;
mi felicidad, brillando lejos.

Al inspirar, de mi cuerpo brotan mil brazos en acción de gracias.
Al espirar, mi compasión alivia el sufrimiento ajeno.
Mil brazos en acción de gracias;
mi compasión, aliviando el sufrimiento ajeno.

Al inspirar, de mi mente aflora una fragancia fresca.
Al espirar, mi alegría es un manantial de aguas claras.
Aflorando una fragancia fresca;
mi alegría, un manantial de aguas claras.

Al inspirar, mi inclusividad abraza el universo entero.
Al espirar, mi conciencia es un espacio eterno.
Mi inclusividad, abrazando el universo entero;
mi conciencia, un espacio eterno.

18

Cinco simientes de amor

Al inspirar, estoy aquí para mí.
Al espirar, me amo sin condiciones.
Aquí para mí,
sin condiciones.

Al inspirar, estoy aquí para ti.
Al espirar, te amo sin condiciones.
Aquí para ti,
sin condiciones.

Al inspirar, sé que estás ahí.
Al espirar, esto me hace muy feliz.
Estás ahí,
soy feliz.

Al inspirar, sé que estás sufriendo.
Al espirar, por ello estoy aquí para ti.
Estás sufriendo,
estoy aquí para ti.

Al inspirar, estoy sufriendo.
Al espirar, por favor, ayúdame.
Estoy sufriendo;
por favor, ayúdame.

19

Semillas de comprensión y armonía en familia

Al inspirar, soy consciente de mi día en familia.
Al espirar, me comprometo a regar las semillas de comprensión y armonía
a lo largo del día.
Consciente de mi día en familia,
comprometido a regar las semillas de comprensión y armonía.

Al inspirar, soy consciente de mí mismo.
Al espirar, me comprometo a regar las semillas de comprensión
y armonía en mí.
Consciente de mí mismo,
comprometido a regar las semillas de comprensión y armonía.

Al inspirar, soy consciente de mi pareja.
Al espirar, me comprometo a regar las semillas de comprensión
y armonía en él.
Consciente de mi pareja,
comprometido a regar las semillas de comprensión y armonía.

Al inspirar, soy consciente de mis hijos.
Al espirar, me comprometo a regar las semillas de comprensión
y armonía en ellos.
Consciente de mis hijos,
comprometido a regar las semillas de comprensión y armonía.

Al inspirar, las semillas de comprensión y armonía son más sólidas en mí.
Al espirar, las semillas de comprensión y armonía son más sólidas en mi familia.
Semillas de comprensión y armonía más sólidas en mí,
semillas de comprensión y armonía más sólidas en mi familia.

Al inspirar, soy consciente de toda mi comunidad familiar.
Al espirar, me comprometo a regar las semillas de comprensión
y armonía en ella.
Consciente de toda mi comunidad familiar,
comprometido a regar las semillas de comprensión y armonía.

TU HOGAR ES EL CAMINO

20

Cultivando las semillas de la aspiración profunda

Al inspirar, me refugio en la plena consciencia en mi corazón.
Al espirar, abrazo con ternura la plena consciencia en mi corazón.
Refugiándome en la plena consciencia en mi corazón,
abrazándola con ternura.

Al inspirar, reconozco las semillas de mi aspiración profunda.
Al espirar, confío en la energía bondadosa que aflora en el momento presente.
Reconociendo las semillas de mi aspiración profunda,
confiando en la energía bondadosa que aflora en el momento presente.

Al inspirar, riego las semillas beneficiosas en mi mente.
Al espirar, me abstengo de regar las semillas nocivas en mi mente.
Regando las semillas beneficiosas en mi mente,
absteniéndome de regar las semillas nocivas en mi mente.

Al inspirar, siento la alegría de estar vivo.
Al espirar, la fe en la plena consciencia nutre mi aspiración.
Alegría de estar vivo,
la fe en la plena consciencia nutriendo mi aspiración.

Al inspirar, hoy es un día maravilloso.
Al espirar, hoy hay condiciones suficientes de felicidad para desplegar mi aspiración.
Día maravilloso,
condiciones suficientes de felicidad para desplegar mi aspiración.

21

Tus palabras son tu verdadera transmisión

Al inspirar, soy consciente de mi clima interior en el día de hoy.
Al espirar, contemplo la energía de mi clima interior con curiosidad.
Consciente de mi clima interior,
contemplando la energía de mi clima interior con curiosidad.

Al inspirar, soy consciente de mis palabras en el día de hoy.
Al espirar, contemplo la energía de mis palabras con curiosidad.
Consciente de mis palabras,
contemplando la energía de mis palabras con curiosidad.

Al inspirar, soy consciente de las palabras pronunciadas en el día de hoy
que transmiten optimismo y esperanza.
Al espirar, mi corazón refleja amabilidad.
Consciente de las palabras que transmiten optimismo y esperanza,
mi corazón reflejando amabilidad.

Al inspirar, soy consciente de las palabras pronunciadas en el día de hoy
que son funcionales y neutras.
Al espirar, me dispongo a expresarlas con más cuidado y plena consciencia.
Consciente de las palabras funcionales y neutras,
dispuesto a expresarlas con más cuidado y plena consciencia.

Al inspirar, soy consciente de las palabras pronunciadas en el día de hoy
que transmiten discriminación o violencia.
Al espirar, contemplo la energía que estas palabras evocan en los demás.
Consciente de las palabras que transmiten discriminación o violencia,
contemplando la energía que estas palabras evocan en los demás.

Al inspirar, soy consciente de las palabras pronunciadas en el día de hoy que transmiten discriminación o violencia.
Al espirar, contemplo la energía que estas palabras evocan en mí.
Consciente de las palabras pronunciadas que transmiten discriminación o violencia,
contemplando la energía que estas palabras evocan en mí.

Al inspirar, me comprometo a cultivar la semilla de la palabra consciente y bondadosa.
Al espirar, mis palabras son mi verdadera transmisión.
Comprometido a cultivar la semilla de la palabra consciente y bondadosa; mis palabras, mi verdadera transmisión.

22

Empezando de nuevo

Al inspirar, tomo refugio en la fuente sabia de mi inspiración.
Al espirar, tomo refugio en la fuente sabia de mi espiración.
Tomando refugio en mi inspiración,
tomando refugio en mi espiración.

Al inspirar, soy consciente de las semillas nutritivas que brotan
en mi conciencia.
Al espirar, confío en la sabiduría bondadosa de mi mente.
Consciente de las semillas nutritivas,
confiando en la sabiduría bondadosa de mi mente.

Al inspirar, soy consciente de las semillas nutritivas que brotan
en la conciencia de mi amigo.
Al espirar, confío en la sabiduría bondadosa de su mente.
Consciente de las semillas nutritivas en mi amigo,
confiando en la sabiduría bondadosa de su mente.

Al inspirar, riego las flores y expreso las bellas cualidades de mi amigo.
Al espirar, reconozco las muestras de alegría y agradecimiento que mis
palabras inspiran en mi amigo.
Regando las flores de mi amigo,
reconociendo la alegría y el agradecimiento que mis palabras inspiran
en mi amigo.

Al inspirar, soy consciente de mis pensamientos, palabras o acciones que han
podido causar daño o dificultad en la relación con mi amigo.
Al espirar, expreso mi parte de responsabilidad con ternura.
Consciente de mis pensamientos, palabras o acciones que han causado daño
a mi amigo,
expresando mi parte de responsabilidad con ternura.

Al inspirar, soy consciente de mis percepciones y cómo estas han hecho brotar el sufrimiento en mí.
Al espirar, expreso mi herida con ternura y sin culpar.
Consciente de mis percepciones y cómo estas han hecho brotar el sufrimiento en mí;
expresando la herida con ternura y sin culpar.

Al inspirar, escucho profundamente la herida de mi amigo.
Al espirar, me refugio en la fuente sabia de mi respiración consciente.
Escuchando la herida de mi amigo profundamente,
refugiándome en mi respiración consciente.

Al inspirar, me refugio en el poder de la palabra bondadosa.
Al espirar, confío en el poder de la renovación.
Refugiándome en el poder de la palabra bondadosa,
confiando en el poder de la renovación.

Al inspirar, soy consciente de la belleza de la práctica brotando en mi mente.
Al espirar, la comprensión y la comunicación consciente me liberan de las percepciones erróneas.
Consciente de la belleza de la práctica en mi mente,
la comprensión y la comunicación consciente me liberan de percepciones erróneas.

23

Nuevo año, nuevo yo

Al inspirar, sé que estoy inspirando.
Al espirar, sé que estoy espirando.
Inspirando,
espirando.

Al inspirar, soy consciente de las sensaciones en mi cuerpo.
Al espirar, sonrío a las sensaciones en mi cuerpo.
Sensaciones en mi cuerpo,
sonriendo.

Al inspirar, nutro la alegría en mi corazón.
Al espirar, nutro la paz en mi corazón.
Alegría en mi corazón,
paz en mi corazón.

Al inspirar, soy consciente del nuevo año que comienza.
Al espirar, me siento agradecida por las expresiones maravillosas
que aún están por manifestarse.
Nuevo año,
expresiones maravillosas.

Al inspirar, soy consciente del nuevo yo que comienza.
Al espirar, me siento agradecida por las condiciones suficientes
de felicidad que ya hay en mí y a mi alrededor.
Nuevo yo,
condiciones suficientes de felicidad.

Al inspirar, me comprometo a nutrir la alegría en mí y a mi alrededor.
Al espirar, me comprometo a nutrir la paz en mí y a mi alrededor.
Nutriendo la alegría,
nutriendo la paz.

24

Cuatro Nobles Verdades

Al inspirar, soy consciente de que hay sufrimiento en mí.
Al espirar, reconozco el sufrimiento con aceptación y compasión.
Consciente del sufrimiento,
reconociéndolo con aceptación y compasión.

Al inspirar, soy consciente de que hay causas y condiciones que han hecho
surgir el sufrimiento en mí.
Al espirar, miro profundamente las raíces del sufrimiento.
Consciente de las causas y condiciones,
mirando profundamente.

Al inspirar, soy consciente de que hay una salida al sufrimiento en mí.
Al espirar, dejo de regar las causas
que han hecho surgir el sufrimiento en mí.
Consciente de la salida al sufrimiento,
dejando de regar las causas del sufrimiento.

Al inspirar, soy consciente de que hay un camino hacia el bienestar en mí.
Al espirar, me comprometo a vivir cada momento del día con reverencia
y plena consciencia.
Consciente del camino hacia el bienestar,
comprometido a vivir cada momento del día con reverencia y plena
consciencia.

25

Las ocho semillas del despertar

Al inspirar, la atención plena es mi ancla.
Al espirar, estoy presente en mi respiración.
Mi ancla es la atención plena,
presente en mi respiración.

Al inspirar, concentro mi foco en la totalidad del cuerpo.
Al espirar, observo en profundidad.
Concentrando mi foco en la totalidad del cuerpo,
observando en profundidad.

Al inspirar, la claridad alumbra el caudal de mi mente.
Al espirar, mi visión es serena.
La claridad alumbrando el caudal de mi mente;
mi visión, serena.

Al inspirar, estoy presente para los contenidos de mis pensamientos.
Al espirar, mi mente irradia destellos de bondad.
Presente para los contenidos de mis pensamientos,
mi mente irradiando destellos de bondad.

Al inspirar, cada palabra pronunciada transmite esperanza.
Al espirar, mi habla es un rayo de luz.
Esperanza en cada palabra pronunciada,
mi habla es un rayo de luz.

Al inspirar, mis acciones son mis verdaderas pertenencias.
Al espirar, la compasión brota a cada paso.
Mis acciones, mis verdaderas pertenencias;
la compasión brotando a cada paso.

Al inspirar, me comprometo a regar la semilla de la voluntad en mi mente.
Al espirar, la energía ilumina mis intenciones.
Comprometida a regar la semilla de la voluntad en mi mente,
la energía iluminando mis intenciones.

Al inspirar, mi vocación es un espejo de mi mente clara.
Al espirar, mi medio de vida es mi mensaje.
Mi vocación, un espejo de mi mente clara;
mi medio de vida, mi mensaje.

26

Tu vocación, una puerta a tu liberación

Al inspirar, soy consciente de mi vocación profunda.
Al espirar, la plena consciencia brilla en mí.
Consciente de mi vocación profunda,
la plena consciencia brillando.

Al inspirar, me veo a mí mismo ejerciendo mi vocación.
Al espirar, la energía de mi aspiración es sólida.
Yo ejerciendo mi vocación,
energía de mi aspiración sólida.

Al inspirar, mis alumnos, clientes o compañeros son mi verdadera continuación.
Al espirar, me proyecto en infinitas direcciones.
Mis alumnos, clientes o compañeros, mi verdadera continuación;
proyectado en infinitas direcciones.

Al inspirar, cada pensamiento es una flor en mi conciencia.
Al espirar, mi mente sonríe.
Cada pensamiento es una flor,
mente sonriendo.

Al inspirar, me enfoco en lo que es eterno.
Al espirar, priorizo valores esenciales.
Enfocado en lo eterno,
priorizando valores esenciales.

Al inspirar, planto semillas de esperanza en cada palabra.
Al espirar, mi mensaje irradia lejos.
Semillas de esperanza en cada palabra,
mensaje irradiando lejos.

Al inspirar, mi sabiduría aflora a cada instante.
Al espirar, este es un momento sublime.
Mi sabiduría aflorando a cada instante,
momento sublime.

Al inspirar, mi intención se refleja en cada acto.
Al espirar, mis acciones son mis verdaderas pertenencias.
Mi intención reflejada en cada acto;
mis acciones, mis verdaderas pertenencias.

Al inspirar, pensamiento, palabra y acción en perfecta unidad.
Al espirar, mi vocación es una puerta a mi liberación.
Pensamiento, palabra y acción en perfecta unidad;
mi vocación, una puerta a mi liberación.

27

Continuación del río, tu continuación

Al inspirar, me veo sentado a la orilla de un río.
Al espirar, mi postura es apacible.
Sentado a la orilla de un río,
postura apacible.

Al inspirar, contemplo el fluir de la corriente.
Al espirar, los pensamientos van pasando.
Contemplando el fluir de la corriente,
pensamientos pasando.

Al inspirar, el agua bordea los obstáculos.
Al espirar, mis percepciones se disuelven.
Agua bordeando los obstáculos,
percepciones disueltas.

Al inspirar, atiendo a la melodía del agua.
Al espirar, mi mente es armonía.
Atendiendo a la melodía del agua,
mi mente es armonía.

Al inspirar, el río sigue su curso.
Al espirar, mi vida sigue su curso.
Río siguiendo su curso,
mi vida siguiendo su curso.

Al inspirar, bebo una taza de té a la orilla del río.
Al espirar, yo soy el río.
Bebiendo una taza de té a la orilla del río,
yo soy el río.

Al inspirar, celebro la continuación del río.
Al espirar, celebro mi continuación.
Celebrando la continuación del río,
celebrando mi continuación.

28

Cinco entrenamientos para una ética global

Al inspirar, soy consciente de cultivar mi compasión y reverencia por la vida.
Al espirar, me comprometo a proteger la vida de personas, animales, plantas y minerales.
Cultivando mi compasión y reverencia por la vida;
protegiendo la vida de personas, animales, plantas y minerales.

Al inspirar, soy consciente de transformar la violencia, el fanatismo y el dogmatismo en mí mismo y en el mundo.
Al espirar, me comprometo a cultivar mi amplitud de miras, la no discriminación y el no apego a puntos de vista.
Transformando la violencia, el fanatismo y el dogmatismo;
cultivando mi amplitud de miras, la no discriminación y el no apego a puntos de vista.

Al inspirar, soy consciente de cultivar la verdadera felicidad en mí y en los demás.
Al espirar, me comprometo a practicar la generosidad en mi pensamiento, palabra y actos.
Cultivando la felicidad en mí y en los demás;
practicando la generosidad en mi pensamiento, palabra y actos.

Al inspirar, soy consciente de las condiciones suficientes de felicidad que ya existen en mí y a mi alrededor.
Al espirar, me comprometo a cultivar mi vocación de vida plena para reducir el sufrimiento de los seres vivos y del planeta.
Consciente de las condiciones suficientes de felicidad que ya existen en mí y a mi alrededor;
cultivando mi vocación de vida plena para reducir el sufrimiento de los seres vivos y del planeta.

Al inspirar, soy consciente de cultivar el verdadero amor.
Al espirar, me comprometo a practicar el amor, la compasión,
la alegría y la inclusividad en mí y en los demás.
Cultivando el verdadero amor;
practicando el amor, la compasión, la alegría y la inclusividad.

Al inspirar, soy consciente de respetar mis relaciones afectivas y las de los
demás.
Al espirar, me comprometo a proteger la seguridad e integridad de
individuos, parejas, familias y sociedad.
Respetando mis relaciones afectivas y las de los demás;
protegiendo la seguridad e integridad de individuos, parejas, familias
y sociedad.

Al inspirar, soy consciente de cultivar la palabra compasiva y la escucha
profunda.
Al espirar, me comprometo a hablar con veracidad y usar palabras
que inspiren confianza, alegría y esperanza.
Cultivando la palabra compasiva y la escucha profunda;
hablando con veracidad y usando palabras que inspiren confianza,
alegría y esperanza.

Al inspirar, soy consciente de usar la palabra y la escucha para promover
la paz y fomentar la reconciliación en mí mismo, con otras personas y
comunidades.
Al espirar, me comprometo a usar la comunicación y el diálogo para
transformar el sufrimiento y encontrar caminos para liberarnos del miedo
y la violencia.
Promoviendo la paz y fomentando la reconciliación;
transformando el sufrimiento y encontrando caminos para liberarnos del
miedo y la violencia.

Al inspirar, soy consciente de cultivar el consumo responsable y saludable.
Al espirar, me comprometo a llevar una dieta saludable de alimentos comestibles, impresiones sensoriales, volición y conciencia.
Cultivando el consumo responsable y saludable;
llevando una dieta saludable de alimentos comestibles, impresiones sensoriales, volición y conciencia.

Al inspirar, soy consciente de no compensar mi soledad o sufrimiento mediante el consumo irreflexivo.
Al espirar, me comprometo a nutrir mi naturaleza del interser y consumir de forma que preserve la paz, la alegría y el bienestar en mi cuerpo y conciencia, así como en la de mi familia y sociedad.
Consciente de no compensar mi soledad o sufrimiento mediante el consumo irreflexivo;
nutriendo mi naturaleza del interser y consumiendo de forma que preserve la paz, la alegría y el bienestar.

editorial **K**airós

Puede recibir información sobre
nuestros libros y colecciones inscribiéndose en:

www.editorialkairos.com
www.editorialkairos.com/newsletter.html
www.letraskairos.com

Numancia, 117-121 • 08029 Barcelona • España
tel. +34 934 949 490 • info@editorialkairos.com